ANTONIO GONZÁLEZ

LA TRANSFORMACIÓN POSIBLE

¿SOCIALISMO EN EL SIGLO XXI?

www.bubok.com

2010

Autor: Antonio González Fernández

Editor: Bubok Publishing S.L.

Depósito Legal: M-28230-2010

ISBN: 978-84-9916-842-5

"Estas cuatro grandes bestias son cuatro reyes
que se levantarán en la tierra. Después recibirán
el reino los santos del Altísimo, y poseerán el reino
hasta el siglo, eternamente y para siempre" (Daniel 7,17).

"La libertad en este ámbito solamente puede consistir
en que el ser humano socializado, los productores asociados,
regulen racionalmente su intercambio con la naturaleza,
en lugar de ser dominados por él como por un poder ciego,
que realicen ese intercambio con el mínimo de esfuerzo,
y bajo las condiciones más dignas y adecuadas
a su naturaleza humana" (Marx, *El Capital*).

ÍNDICE

NOTA PREVIA..........9

INTRODUCCIÓN..........11

I. EL SOCIALISMO DEL SIGLO XIX..........19
1. El sentido originario de la filosofía de Marx..........19
2. La crítica del capitalismo..........24
3. Algunas ideas sobre el socialismo..........27

II. LA PRAXIS VIVA..........31
1. La ontología de la praxis..........31
2. La sustantivación de la praxis..........36

III. EL SOCIALISMO DEL SIGLO XX..........41
1. La génesis de la planificación centralizada..........41
2. Las características básicas del nuevo régimen..........44
3. Las dificultades de la planificación centralizada..........45
4. El regreso al capitalismo..........49

IV. INDIVIDUO Y SOCIEDAD..........53
1. El materialismo dialéctico..........53
2. El problema de la sociedad humana..........55
3. Las estructuras sociales..........57
4. Sobre el poder..........59

V. EL FUTURO DEL CAPITALISMO..........63
1. El secreto del capitalismo..........63
2. Las relaciones básicas..........66
3. Valores y precios..........70
4. Algunas tendencias fundamentales..........75
5. Las crisis capitalistas..........82

VI. ¿QUÉ ES LA HISTORIA?..95
1. Las predicciones socialistas...95
2. El problema del determinismo.......................................96
3. La actividad histórica...99

VII. ¿HAY ALGUNA ALTERNATIVA POSIBLE?...................103
1. Algunas propuestas insuficientes...............................103
2. La democracia económica..106
3. El problema de la democracia......................................112
4. La transición..115

VIII. LA CUESTIÓN DE LA RELIGIÓN.................................121
1. La crítica originaria de Marx a la religión...................121
2. Praxis humana y religión...124
3. Lo no religioso del judaísmo originario......................129
4. Lo anti-religioso del cristianismo originario...............133
5. Cristianismo radical y socialismo...............................138

BIBLIOGRAFÍA BÁSICA..145

NOTA PREVIA

Estas páginas provienen de los apuntes de un curso impartido en la Universidad Centroamericana de San Salvador (El Salvador, C. A.) en septiembre de 2009. Su aparición en forma de libro electrónico responde a las peticiones de algunos amigos para hacer más accesible su contenido a un público más amplio.

Por tratarse de apuntes para las clases, no contienen referencias bibliográficas detalladas a pie de página. En su lugar se proporciona una bibliografía general al final del texto. De todos modos, se mencionan todos los autores y textos utilizados para la elaboración de este libro.

Agradezco a los participantes en ese curso y a los lectores del primer manuscrito sus valiosos comentarios y aportaciones.

Este trabajo ha sido elaborado en el entorno libre del sistema operativo Linux, con el procesador de textos de OpenOffice, y el tipo de letra Linux Libertine.

Antonio González
San Salvador – El Escorial
Septiembre de 2009 – Mayo de 2010

INTRODUCCIÓN

Cuando escribimos estas líneas, podemos leer en el *New York Times* que unos 18.000 norteamericanos fallecen cada año por falta de seguro médico. Si esto sucede en un país "avanzado", podemos imaginarnos el resto: el patrimonio de las diez personas más ricas del planeta es superior a la suma de la renta nacional de los 55 países más pobres. Más de la mitad de la población mundial tiene que conformarse con menos de dos dólares diarios, y más de 1300 millones de personas tienen que intentar sobrevivir con un dólar al día. De ahí que cada tres segundos muera un niño por causas ligadas a la pobreza, al tiempo que las diferencias sociales crecen, incluso al interior de los países más ricos. Parece que no sólo el socialismo real fracasó. También el capitalismo real parece encontrarse en serios problemas.

En algunos contextos se viene hablando de un "socialismo del siglo XXI" (A. V. Buzgalin, H. Dieterich, etc.). La expresión ha pasado en ocasiones al campo de la política, y ha servido para designar las políticas anti-imperialistas de ciertos regímenes latinoamericanos. Esto no significa necesariamente el tránsito a un régimen económico y social distinto del capitalismo. Tras una retórica radical podríamos encontrar simplemente una especie de "capitalismo de rostro humano", donde se emprenden algunas medidas sociales en favor de los más pobres. En este caso, tendríamos simplemente una "socialdemocracia", y no propiamente un "socialismo". En otros casos, el "socialismo" designa el hecho de que esas políticas sociales van acompañadas de recortes a la democracia, y a la pervivencia de regímenes de corte caudillista.

Todo esto puede ser interesante desde el punto de vista de la historia política de las luchas anti-imperialistas en el llamado "Tercer Mundo", pero no nos permite propiamente hablar de "socialismo". Algunos autores nos dicen, por ejemplo, que el "socialismo del siglo XXI" no se opone a la propiedad privada. Ahora bien, esta expresión es un tanto ambigua. También se podría decir que el socialismo soviético del siglo XX no se oponía a la propiedad privada en general, sino solamente a la propiedad privada de los medios de producción. Si lo que se quiere decir es que el "socialismo del siglo XXI" no se opone a la propiedad privada de los medios de producción, habría que preguntarse entonces qué es lo que nos permite hablar propiamente de un régimen que no sea, en último término, capitalista. ¿Estamos verdaderamente ante un socialismo del siglo XXI o de lo que se nos habla no es más bien de una socialdemocracia anti-imperialista del siglo XXI?

En algunos casos, las propuestas de "socialismo del siglo XXI" sí tocan un elemento esencial del capitalismo, como es el mercado. Algunos autores han hablado de una "economía de la equivalencia", en la que el precio de los productos estaría determinado por el valor-trabajo, es decir, por el trabajo socialmente necesario para producirlos. Ciertamente, el valor-trabajo es (como veremos) un concepto bastante abstracto, de modo que el cálculo del trabajo socialmente necesario para producir cualquier bien resulta bastante difícil. No obstante, algo está claro: una "economía de la equivalencia" no sería un sistema capitalista. El valor de los productos no se determinaría en el mercado, según las leyes de la oferta y la demanda, sino mediante un cálculo del trabajo socialmente necesario para producirlos.

Con esto comenzamos a tocar una cuestión decisiva para la cuestión que aquí nos ocupa: cuando se habla de "socialismo del siglo XXI" se está expresando una profunda insatisfacción con el capitalismo, y un deseo de abandonar ese régimen socio-económico. Ahora bien, para que podamos decidir cuándo estamos verdaderamente ante un régimen económico nuevo, es necesario saber cuáles son las características *esenciales* del régimen actual. Se trata de determinar cuáles son aquellas características que, si las cambiamos, ya no podemos decir que estamos ante el mismo sistema económico y social. Así, por ejemplo, podríamos decir que la propiedad privada de los medios de producción y la existencia de un mercado en el que los precios se determinan por las leyes de la oferta y la demanda son dos de las características esenciales de un sistema capitalista. Si alguna de estas características esenciales fueran sustituidas por otras, ya no estaríamos ante un sistema capitalista.

Es importante caer en la cuenta que estamos hablando de características institucionales tangibles. Por supuesto, el capitalismo se puede caracterizar acudiendo a conceptos más generales, como la libertad, o el afán de lucro. Pero estos conceptos son más difíciles de determinar en su existencia, y por eso son más difíciles de usar para diferenciar un sistema económico de otro. El afán de lucro, por ejemplo, puede haber aparecido mucho antes, como el mismo Aristóteles nos relata cuando nos habla de la "crematística" de su tiempo. Para hablar de capitalismo, y no de esclavismo, habría que concretar cómo el afán de lucro se realiza en el capitalismo. Del mismo modo, el capitalismo parece en realidad compatible con la ausencia de muchas libertades básicas (pensemos en el capitalismo bajo el régimen de Pinochet). En cambio, hay otras libertades que son esenciales para que se pueda hablar de capitalismo: es la libertad de poseer medios de producción y la libertad de vender los productos en el mercado. Y esto nos lleva de nuevo a las dos características del capitalismo a las que nos habíamos referido anteriormente.

La propiedad privada de los medios de producción y el mercado real son dos características *necesarias* para que se pueda hablar de capitalismo. Ahora bien, ¿son características *suficientes*? Algo nos hace pensar que no. En la Edad Media existía propiedad privada de los medios de producción: los campesinos, los municipios y, sobre todo, los señores feudales (incluyendo los monjes) poseían grandes extensiones de tierra, que era el principal medio de producción de la época. En las ciudades, los gremios poseían talleres en formas a veces colectivas. Del mismo modo, en la Edad Media había también mercados, en los que se determinaba el precio de los productos. Sin embargo, no decimos que éste fuera un sistema capitalista. ¿Qué característica esencial faltaba para que podamos hablar propiamente de capitalismo?

Veamos qué sucedía con el trabajo: los campesinos trabajaban en sus tierras o en las tierras comunales, y entregaban una parte de sus productos al señor feudal. Otros trabajaban una parte de su tiempo, o la totalidad de él, para sus señores, quienes les permitían quedarse con una parte de los productos o les permitían utilizar una parte de sus tierras. En los gremios, los trabajadores disponían de sus ingresos para sobrevivir, o para mejorar sus medios de trabajo. Pocas personas eran propiamente asalariados. Para que sea posible pasar de una situación feudal a una situación propiamente capitalista es necesario convertir a la mayor parte de la población en asalariados: los campesinos son despojados de sus tierras (incluyendo las tierras comunales), las tierras de los monjes son confiscadas, y los gremios dejan el paso a empresas en las que se contrata como trabajadores a personas que ahora no tienen otro recurso que la venta de su propia capacidad de trabajar para otros.

Debemos entonces hablar de tres características esenciales del capitalismo: *propiedad privada de los medios de producción, mercado regido por la oferta y la demanda, y trabajo asalariado*. Es importante haber localizado estos tres elementos. La razón es la siguiente: si éstas son características esenciales del capitalismo, el cambio de cualquiera de ellas implica inevitablemente el cambio de sistema socio-económico. Mientras no cambien significativamente estas características esenciales del sistema socio-económico, estamos en el capitalismo, por más que se hagan algunas reformas sociales en el mismo. Un régimen en el que algunos sectores minoritarios pasaran a ser públicos (por ejemplo, la salud y la educación), o en el que se controlara por ley el precio de algunos productos básicos, o en el que se ofrecieran algunos seguros sociales a los asalariados, sería sin duda un régimen muy deseable para muchas personas, pero seguiría siendo un régimen capitalista.

La determinación de estas tres características esenciales del capitalismo tiene otra importante utilidad: nos permite caer en la cuenta de la particularidad del socialismo del siglo XX. El socialismo de corte soviético cambió concretamente dos de las características esenciales del capitalismo: la propiedad privada de los medios de producción y el mercado. Esto, por supuesto, afectó a la otra característica del capitalismo, que es el trabajo asalariado: aunque en los países socialistas las personas siguieron recibiendo un salario por su trabajo, no había propiamente un mercado de trabajo, y por tanto no había desempleo. Además, los cambios se hicieron en una dirección muy concreta: la propiedad privada de los medios de producción fue sustituida por la propiedad *estatal* de los mismos, y el mercado fue sustituido por la planificación centralizada de la economía, a cargo de una agencia *estatal*.

No obstante, para que se pueda hablar de un régimen no capitalista no es necesario hacer precisamente esas dos transformaciones, o hacerlas de esa manera concreta. Tal vez es posible hacer otro tipo de transformaciones, y hacerlas de otra manera. Siempre que sea transformada alguna de las tres características esenciales del capitalismo (propiedad privada de los medios de producción, mercado, y trabajo asalariado), tendremos un régimen socio-económico que ya no será capitalista. Por supuesto, el cambio de alguna de esas tres características repercutirá en las demás, pero si se trata de una transformación distinta de las que realizó el socialismo real del siglo XX, lo que obtendremos será un régimen distinto, que no será capitalista, aunque tampoco sea semejante a los socialismos del siglo XX.

En realidad, cuando en la actualidad se habla de un "socialismo del siglo XXI", se está expresando una insatisfacción con los socialismos del siglo XX, y el deseo de un socialismo distinto. De ahí que, si no queremos repetir los errores del pasado, sea necesario analizar en qué consistieron los límites y las dificultades de los socialismos del siglo XX. Algunos de estos socialismos siguen existiendo en el siglo XXI. Algunos inmediatamente pensarían en Corea, Cuba, China o Vietnam. Sin embargo, fijémonos en una diferencia importante entre los países mencionados. En Corea y en Cuba hallamos inmediatamente la pervivencia de las dos transformaciones características de los socialismos del siglo XX: la propiedad estatal de los medios de producción y la planificación centralizada. En cambio, en China y en Vietnam nos encontramos con algo muy distinto: la creciente propiedad privada de los medios de producción, el mercado regido por la oferta y la demanda, y el trabajo asalariado.

En este segundo caso, poco importa que el partido dirigente sea un partido único, que este partido se llame "comunista", y que sean precisamente los miembros de ese partido los que hayan accedido a la propiedad privada de los medios de producción. En la medida en que las tres mencionadas características sean las dominantes en la actividad económica, estamos claramente ante regímenes capitalistas. Ya hemos dicho que el capitalismo era perfectamente compatible con la falta de libertades políticas. Es más: la existencia de un férreo control político, la prohibición de las protestas, el control de la prensa, y la inexistencia de sindicatos libres son elementos que favorecen el desarrollo del capitalismo en China y en Vietnam. Desde un punto de vista "político" se puede llamar a esos regímenes "socialistas" o como se guste. Pero desde un punto de vista socio-económico, nos encontramos claramente con transiciones hacia el capitalismo.

Estas transiciones hacia el capitalismo podrían llegar a darse en Cuba o en Corea también. De hecho se dieron en la Unión Soviética, en los países de Europa del Este, y en otros países como Angola. En muchos casos, estas transiciones fueron queridas por la mayor parte de la población. Es difícil lamentar las transiciones al capitalismo sin reflexionar también sobre las razones que hicieron al socialismo del siglo XX tan poco deseable para los pueblos que lo experimentaron. Se puede hablar, sin duda, de la "propaganda capitalista". Se puede hablar también del "afán de lucro" del que hicieron gala muchos de los dirigentes socialistas de esos países, que terminaron convertidos en grandes propietarios capitalistas. Sin embargo, sería un error reducir los problemas a cuestiones personales o políticas. Los problemas del socialismo real del siglo XX fueron problemas *estructurales*, y la prueba es que se repitieron monótonamente en todos los países que adoptaron ese régimen económico y social: falta de libertad de asociación, falta de libertad de expresión, falta de garantías jurídicas, falta de libertad religiosa, mercado negro, dificultades cotidianas para adquirir los productos básicos, daños graves al medio ambiente, formación de una élite "socialista" acomodada, control policial y delaciones mutuas, etc.

El hecho de que estas graves dificultades y abusos se repitieran en todos los países del socialismo real nos hace sospechar que las dos grandes transformaciones realizadas por los socialistas del siglo XX (estatalización de los medios de producción y planificación centralizada de la economía) están relacionadas estructuralmente con los problemas mencionados. Es algo que tendremos que analizar más detenidamente, porque, si esto es verdad, siempre que se den transformaciones semejantes nos vamos a encontrar con problemas muy parecidos. Si queremos pensar nuevas posibilidades para el siglo XXI, tendremos que preguntarnos las razones por las que el socialismo del siglo XX causó esas graves dificultades, se hizo odioso para grandes sectores de la población, y terminó conduciendo a transiciones hacia el capitalismo caracterizadas por enormes costos humanos.

En el contexto de las propuestas sobre un "socialismo del siglo XXI" se ha retomado con frecuencia una expresión de Alexander Dubček, el líder de la "primavera de Praga", ahogada en 1968 por los tanques soviéticos: lo que se pretende es un "socialismo con rostro humano". Al decir esto se admite, de modo tácito, que el socialismo real del siglo XX fue un socialismo con rostro inhumano, es decir, un socialismo "bestial". ¿Era esto lo que deseaba Marx? Y aquí nos encontramos, de entrada, con una observación doble. Por una parte, las personas que diseñaron y comenzaron la construcción del "socialismo real" fueron personas que no conocieron precisamente los escritos de Marx en los que éste expuso su filosofía humanista. La mayor parte de estos escritos fueron publicados tardíamente, al final de los años veinte y durante los años treinta del siglo XX. Ni Plejanov, ni Lenin, ni Bujarin, ni Stalin utilizaron la mayor parte de los escritos juveniles de Marx, en los que éste expuso las bases de su humanismo. Por otra parte, curiosamente, Marx nunca diseñó detalladamente un "sistema socialista". En sus escritos solamente encontramos esbozos muy generales de lo que sería una sociedad socialista. Marx quería hacer un análisis crítico del capitalismo, y rehusaba diseñar modelos de lo que había de ser el socialismo.

Y esto tiene una importante consecuencia: los revolucionarios que diseñaron el socialismo real del siglo XX, el socialismo soviético, lo hicieron a espaldas de sus fundamentos humanistas originarios y sin un diseño del mismo que se derivara de esos fundamentos. Como fundamento filosófico se optó por un "materialismo dialéctico", que asumía elementos de la filosofía materialista del siglo XIX y de la filosofía dialéctica de Hegel. Y esto tiene algunas implicaciones graves. Por un lado, el simple materialismo tiene bastantes dificultades para fundamentar la dignidad humana: si el ser humano es un mero organismo biológico evolucionado, ¿qué razón hay para no sacrificar miles de individuos en nombre de una gran causa histórica? Por otro lado, la filosofía hegeliana es una gran metafísica del estado, y no resulta sorprendente que quienes optaron por un hegelianismo materialista entendieran las transformaciones socialistas como una estatalización de la vida económica... Pero, ¿tenía que ser esto necesariamente así? ¿Es posible otro tipo de transformación social y económica?

Para responder a estas preguntas tendremos que comenzar haciéndonos cuestión del sentido originario del socialismo. De ahí que tengamos que comenzar analizando el socialismo del siglo XIX.

I. EL SOCIALISMO DEL SIGLO XIX

Vamos a analizar en esta sección algunos de los rasgos más importantes del socialismo del siglo XIX y, en concreto, de uno de sus más importantes inspiradores: Karl Marx. Vamos a analizar en esta sección los fundamentos filosóficos de su obra, su análisis crítico del capitalismo y su caracterización, sin duda muy genérica, del socialismo.

1. El sentido originario de la filosofía de Marx

Como es sabido, la filosofía de Karl Marx se origina, en buena medida, en el diálogo crítico con las filosofías precedentes, especialmente con la filosofía de Hegel y de sus discípulos, entre los que destaca Ludwig Feuerbach. Podríamos decir que una característica esencial de la crítica que hizo Marx a estos filósofos (y a la historia de la filosofía en general) fue su defensa del ser humano concreto, frente a todos los intentos de subsumir lo particular en lo universal, que en el fondo sería la verdadera realidad. Para Marx es al revés: los conceptos universales tienen su origen en el ser humano vivo y real, hasta el punto de que todo lo universal se puede reducir a sus raíces en la vida real, mientras que la vida real de los seres humanos no puede ser reducida a lo universal.

Esto es algo que puede verse ya en uno de los primeros escritos de Marx, titulado *La crítica de la filosofía del estado de Hegel*, que es un comentario, párrafo a párrafo, de los *Principios de la filosofía del derecho* de Hegel. Para Marx, la vida particular de los seres humanos es la que explica la formación de la familia, de la sociedad civil y del estado. Contra lo que sostenía Hegel, el estado no tiene su origen en la Idea, sino en la vida de los individuos, a partir de los que resulta comprensible. Hegel pensaba que el estado era una especie de sustancia objetiva, separada de la vida real de las personas, y a la vez un inmenso sujeto de sus propios actos. Precisamente porque el estado era una especie de gran sujeto, capaz de actuar por su cuenta, Hegel pensaba que la forma de estado más adecuada era la monarquía, en la que un solo sujeto, el rey, representa al estado en su totalidad.

La posición de Marx era justamente la opuesta. Marx criticaba a Hegel por convertir al estado en un ser humano, concediéndole, por un lado, la subjetividad. Para Marx, la verdadera realidad es la de los seres humanos: las personas reales son las que fundan el estado, y precisamente por eso la expresión más propia del estado no es la monarquía, sino la democracia. Utilizando frases llenas de resonancias bíblicas, Marx decía: "la democracia es a todas las otras formas políticas como su Antiguo Testamento. El ser humano no existe a causa de la ley, sino que la ley existe a causa del ser humano, es decir, de una existencia humana, mientras que en todas las otras formas de gobierno se trata de una existencia legal". Marx piensa, por otro lado, que Hegel ha concedido al estado una objetividad que no tiene, dando lugar a un misticismo abstracto. Lo que cuenta no es el estado, o la Idea, sino las personas reales. De hecho, para Marx, lo que Hegel ha hecho con el estado es semejante a lo que sucede con la religión, a la que se le da un valor objetivo, por sí misma, con independencia de la vida humana.

Esta crítica de la religión está muy influida por Feuerbach. Como es sabido, Feuerbach sostenía que la esencia de la religión está, no en los cielos, sino en la especie humana. Según Feuerbach, el género humano ha tomado algunas de las características que le son propias, las ha separado de sí, y las ha puesto fuera de sí, en Dios. En esto consiste la "alienación" religiosa: en poner en otro (*alius*) lo que es propio del género humano, diciendo por ejemplo que Dios es bueno, que es justo, que es poderoso, que es inteligente, que es libre, etc. Lo que tendría que hacer el género humano es despedirse de Dios, superar la alienación, y recuperar para sí todas esas características que ha puesto en Dios. Marx aceptaba en buena medida esta crítica de Feuerbach a la religión. Sin embargo, para Marx no era suficiente apelar al "género humano". Para Marx, también el "género humano" o la especie humana, dotada de tan bellas características, es algo separado del ser humano vivo y real. Feuerbach era para Marx todavía demasiado hegeliano, pues en el fondo daba prioridad a lo universal por encima de lo particular.

Es verdad que Marx encontraba en Feuerbach una importante manera de ir más allá de Hegel. Para Feuerbach, la sensibilidad constituía una especie de freno al idealismo de Hegel. En la *Fenomenología del Espíritu*, Hegel había comenzado analizando la sensibilidad. Pero a continuación mostraba como la sensibilidad no es algo que pueda ser superado por la inteligencia, como un mero ingrediente de la misma. Para Feuerbach, en la sensibilidad había algo así como una alteridad insuperable, que no podía ser subsumida en un estadio ulterior del Espíritu. La "realidad sensible" era para Feuerbach tanto el objeto sensible, fuera de mí, como mi propia realidad: yo también soy una "realidad sensible", y por tanto del mismo modo que las cosas sensibles son objetos para mí, yo soy objeto para ellas. Hay de este modo una diferencia insuperable con las cosas que impide toda absorción de las cosas sensibles en la Idea de Hegel.

Ahora bien, Marx veía algo limitado en la tesis de Feuerbach. De hecho, no se puede decir que yo sea objeto para las cosas del mismo modo en que las cosas lo son para mí. Si esto fuera así, los seres humanos serían una cosa más. Marx trataba de subrayar algo en lo que Feuerbach no había caído. Para Marx, el sentir humano no es una mera sensibilidad pasiva, sino algo vivo, activo. Esto es algo que Marx expresó en la primera de sus *Tesis sobre Feuerbach*, del año 1845: "La principal carencia de todo el materialismo precedente (incluyendo el de Feuerbach) es que el objeto, la realidad, la sensibilidad solamente es captada bajo la forma del objeto o de la intuición, pero no como actividad humana sensible, praxis; no subjetivamente".

Para Marx, nuestro sentir es algo humano, activo, subjetivo, y esto lo diferencia de cualquier objeto. Y la insistencia en estos caracteres del sentir también diferencia el humanismo de Marx de todo el materialismo en el sentido usual de la palabra. De hecho, ésta fue la crítica de Marx al discurso de Feuerbach sobre la "realidad" o sobre la "naturaleza material". Marx subrayaba que la naturaleza material, tal como la conocemos, es siempre una naturaleza transformada por la actividad humana, "salvo tal vez algunas islas de coral en los mares del sur". Es algo que Marx no deja de subrayar en su crítica a Feuerbach contenida en la *Ideología alemana*, así como en su capítulo sobre la historia del materialismo contenido en el libro titulado *La sagrada familia*, que escribió conjuntamente con Engels. Frente a la idea de una realidad que está siempre allí, y que simplemente nos determina, Marx subrayaba que toda la realidad que conocemos es una realidad transformada por la acción humana.

Es importante caer en la cuenta de que Marx no está simplemente apelando a la acción en detrimento de la teoría. El mismo Marx reconoce que este aspecto activo de la inteligencia humana estaba muy vivo en la tradición idealista que culmina en Hegel. En cierta manera, toda la filosofía de Hegel podría interpretarse como una exaltación del hacer frente al contemplar. Sin embargo, como bien ha mostrado Michel Henry, en Marx hay algo más. Para Marx el problema está en que, en la filosofía de Hegel, la praxis humana es entendida primeramente como algo objetivo, tanto en el sentido de que se privilegia el modelo de la acción como producción, como también en el sentido de que, para Hegel, la acción es vista como algo en sí mismo objetivo, que culmina precisamente en el "espíritu objetivo", es decir, en la familia, en la sociedad civil y en el estado. En cambio, en la citada tesis sobre Feuerbach, Marx no sólo insiste en el carácter activo del sentir, sino también en su aspecto "humano" y "subjetivo", que impide que sea absorbida en objetividades mayores como la "sociedad" o el "estado".

Esto nos muestra otro carácter del pensamiento de Marx, que normalmente sorprende a los marxistas. Marx rechazaba la idea, en el fondo hegeliana, de que la sociedad pudiera ser considerada como una especie de sustancia o de sujeto por encima de los individuos. Esto es precisamente lo que Marx rechaza de algunos de los "socialistas utópicos" de su tiempo, como Proudhon. Según decía Marx, "el señor Proudhon personifica la sociedad, hace de ella una realidad-persona, una sociedad que no es la sociedad de las personas, puesto que ella tiene sus leyes aparte, no teniendo nada común con las personas de las que se compone la sociedad, y su inteligencia propia no es la inteligencia del común de los seres humanos, sino una inteligencia que no tiene sentido común". Y sigue diciendo Marx: "la vida de esta sociedad sigue leyes opuestas a las leyes que hacen actuar al ser humano como individuo".

Lo que Marx está rechazando es la idea de la sociedad como una gran sustancia, como una gran realidad, que se opone a los individuos, y que actúa sobre ellos. Y esto le llevaba a Marx a tomar distancia respecto a una tesis que se suele pensar que es típicamente socialista. Se trata de la idea de que la sociedad es la que determina a las personas, y que por tanto basta con cambiar la sociedad para poder reeducar a las personas. Marx sostenía en la *Ideología alemana* que, cuando se piensa así, la sociedad es separada de los individuos, autonomizada, como si ella se corrompiera sola, y los individuos solamente se corrompieran siguiendo esa corrupción. Para Marx las cosas son más complejas, y esto es precisamente lo que expresaba en la tercera de sus *Tesis sobre Feuerbach*: "la tesis materialista del cambio de las circunstancias y de la educación olvida que las circunstancias son cambiadas por los seres humanos, y que el educador tiene que ser educado".

Se podría pensar que Marx estaba defendiendo un simple individualismo, al estilo del pensamiento "burgués" o anarquista anterior a él. Sin embargo, para ver que, en el caso de Marx, no estamos ante un individualismo, basta con tener en cuenta su crítica a Max Stirner, otro representante de la izquierda hegeliana. Para Stirner, autor de un libro titulado *El único y su propiedad*, todas las estructuras presuntamente "objetivas" del hegelianismo, como Dios, el estado, el derecho, etc., no son más que representaciones de la conciencia. Ahora bien, las representaciones de la conciencia son algo propio, y también algo de lo que puedo prescindir. Si Dios es una representación de mi conciencia, es algo mío, de lo que puedo prescindir. De ahí su anarquismo radical: "ni Dios, ni maestro". Del mismo modo, si alguien considera que algo es propiedad suya, yo puedo pensar también que es mío, y que simplemente le he dado a la otra persona un derecho de propiedad.

Marx se burla repetidamente en la *Ideología alemana* de estas ideas individualistas de Stirner. Lo que ha sucedido en Stirner es, para Marx, algo que en el fondo es característico de la filosofía moderna: se reduce al individuo a su consciencia, olvidando sus relaciones sociales reales. Como Marx explica en la quinta de sus *Tesis sobre Feuerbach*, el individuo no lleva dentro de sí una "esencia humana abstracta", sino un conjunto de relaciones sociales. Por eso no basta con que mi conciencia crea que no hay propiedad. La propiedad, como relación social, sigue existiendo de todas maneras. De este modo, Marx va perfilando una idea de la sociedad muy curiosa, y sobre la que tendremos que volver. Por una parte, la sociedad no es una gran sustancia al margen de los individuos. Por otra parte, las relaciones sociales no son algo meramente imaginario, sino algo que configura la vida humana individual. En cualquier caso, esta vida humana individual es algo que a Marx le importa sobremanera. No se trata de exaltar la conciencia individual, sino lo que Marx llama "cuerpo viviente", "trabajo vivo", "fuerza de trabajo", "fuerza subjetiva de trabajo", "trabajo subjetivo", "praxis subjetiva", "subjetividad inorgánica". Es algo que tendremos que pensar más detenidamente.

2. La crítica del capitalismo

Llegados a este punto, podemos entender mejor la continuidad entre la filosofía de Marx, que destaca la vida humana particular frente a las abstracciones genéricas de la filosofía hegeliana, y su crítica del capitalismo. Cuando la filosofía de Marx comenzó a ser conocida a partir de los años treinta del siglo pasado, muchos de los marxistas, tanto en la Unión Soviética como en Occidente, no aceptaron su pensamiento filosófico, considerándolo como una especulación humanista juvenil, que tenía que ser substituida por el pensamiento verdaderamente "científico" de Marx, contenido en su obra económica, y especialmente en *El Capital*. El "humanismo" de Marx fue rechazado como mera ideología, y considerado como insignificante para el marxismo. En parte, esta reacción es normal si tenemos en cuenta que el marxismo como filosofía se constituyó al margen de unos escritos filosóficos de Marx, como una especie de hegelianismo materialista que sabía muy poco de las críticas de Marx al materialismo precedente y a Hegel.

Ahora bien, si nos dirigimos a las páginas de *El Capital*, encontramos de nuevo algo muy parecido a lo que hemos visto en la crítica de Marx a Hegel, a Feuerbach o a Proudhon, que es la defensa de la vida humana concreta frente a las objetividades que la oprimen y la esclavizan. De hecho, muchos autores se sorprenden cuando leen por vez primera *El Capital* y encuentran allí una serie de consideraciones sobre el trabajo humano como fuente de todo valor en la sociedad capitalista. Del mismo modo, el primer tomo de *El Capital* (el único que Marx publicó en vida) está lleno de alusiones a seres humanos vivos y concretos. Marx se refiere con su nombre y apellidos a mujeres obligadas a trabajar en jornadas interminables, a niños prisioneros de la maquinaria de trabajo, a sus padres, a la deshumanización sufrida en el puesto de trabajo, etc., etc. No estamos aquí ante una mera retórica, sino de nuevo ante una defensa de la vida humana particular y concreta frente a su sometimiento a las grandes construcciones sociales. En este caso, no se trata de su sometimiento al estado, o a la sociedad, sino de su sometimiento al régimen productivo mercantil.

Esto no significa que *El Capital* sea una obra de filosofía humanista, independiente de toda consideración económica. Como bien ha mostrado un autor liberal, Enrique Menéndez Ureña, poco sospechoso de simpatizar con el marxismo, la obra de Marx es científicamente coherente desde un punto de vista económico. Marx ha hecho un análisis del sistema económico capitalista buscando sus estructuras fundamentales, que según Marx quedan ocultas en el intercambio entre trabajo vivo y salarios que acontece en la empresa. Para Marx, el secreto último del capitalismo es la extracción de la plusvalía a los trabajadores. A partir de ese descubrimiento decisivo, que en cierto modo representa la culminación de sus investigaciones, Marx pudo intentar exponer, en *El Capital*, toda su crítica del capitalismo. Por eso el primer volumen de *El Capital* comienza con una exposición de su teoría de la plusvalía. En cierto modo podemos decir que su tesis sobre la plusvalía, siendo por una parte una tesis económica, es al mismo tiempo una tesis que remite sus investigaciones económicas más allá de ellas mismas, hacia algo que no es propiamente económico, que es justamente la praxis viva, el trabajo vivo en el que se funda todo el sistema económico capitalista.

De una manera sencilla, podemos decir que la teoría de la plusvalía sostiene que, en el intercambio que sucede en toda sociedad capitalista entre las empresas y los trabajadores, éstos últimos entregan a los propietarios de los medios de producción un número de horas de trabajo y reciben a cambio un número de horas de trabajo incorporadas a bienes de consumo y servicio. Según Marx, si pudiéramos medir esas horas de trabajo que ha costado producir los bienes de consumo y servicio que, en último término, los trabajadores podrán adquirir con su salario, nos encontraríamos con una diferencia. Los trabajadores han entregado más horas de trabajo que las socialmente necesarias para recibir los bienes de consumo y de servicio con los que pueden continuar y reproducir sus vidas. Hay otro número de horas de trabajo que han quedado a disposición de los propietarios de los medios de producción. Son precisamente estas horas de trabajo extra las que capacitan a los propietarios de los medios de producción para mantenerlos, renovarlos e invertir en otros nuevos, a la par que aseguran su consumo privado, normalmente superior al de los trabajadores.

Este intercambio desigual se puede formular diciendo que el empresario paga por el trabajo abstracto, que en realidad son las horas de trabajo que se miden en un salario, y que representan las horas de trabajo necesarias para el mantenimiento y la reproducción de la vida humana. Pero el empresario no recibe solamente ese trabajo. Lo que recibe en realidad es la "fuerza de trabajo", que no es otra cosa que el trabajo vivo de sus empleados, necesario no sólo para reproducir y mantener su vida, sino también para lograr los enormes recursos de los que disponen los empresarios para mantener el desarrollo incesante de los medios de producción que observamos en las economías capitalistas. La praxis viva de los individuos particulares, concretos, es el secreto último de todas las instituciones capitalistas. No se podía pedir más coherencia entre las posiciones filosóficas de Marx y su crítica al capitalismo.

Desde este punto de vista, podemos entender otras dos críticas de Marx. Una se dirige a la democracia "burguesa". Como vimos, Marx podía defender, frente a Hegel, la democracia como la forma de gobierno más adecuada al hecho de que la sociedad o el estado no es algo separable de los individuos. Ahora bien, Marx entiende que las democracias "burguesas" de su tiempo otorgan al ser humano unos derechos "cívicos" que están separados de su vida concreta como individuos vivos. Mientras que las leyes los consideran como ciudadanos iguales a los demás, el régimen económico hace de ellos seres sometidos a los propietarios de los medios de producción, incapaces de determinar su propio destino. El que la revolución francesa hablara de "derechos del hombre y del ciudadano" expresa para Marx una escisión entre la realidad humana sometida y las ideologías que hacen del ser humano un "ciudadano" aparentemente igual a otros. La crítica sin duda es importante, porque muestra los límites de la democracia formal. Sin embargo, cabe preguntarse hasta qué punto la "dictadura del proletariado" es una verdadera alternativa.

Por otra parte, el mismo Marx subrayó, frente a sus colegas socialistas, que la plusvalía no es algo que pueda desaparecer sin más en una sociedad posterior al capitalismo. Todo sistema social tiene que dedicar una parte del "trabajo vivo" de las personas no sólo a la reproducción de la vida humana, creando bienes de consumo y servicios. Cualquier sociedad, incluida la más perfecta de las sociedades socialistas, tendrá que dedicar una parte de sus esfuerzos a mantener, mejorar o crear medios de producción. En una sociedad socialista, aunque no hubiera mercado de trabajo (y por tanto no hubiera tampoco técnicamente plusvalía), de todos modos tendría que haber un "excedente". Sería esa parte del trabajo humano que estaría destinada, no a la reproducción de la vida humana mediante la creación de bienes de consumo y servicios, sino al mantenimiento y a la creación de los medios de producción. Es algo que Marx expresó en su *Crítica del programa de Gotha*, y que permanece como una cuestión abierta para cuando hablemos del socialismo. Porque entonces tendremos que preguntarnos quién es el que administrará ese excedente. En el capitalismo, la plusvalía queda en manos de los propietarios de los medios de producción. En el socialismo, ¿quién controla el excedente? Y con esto llegamos de nuevo a la cuestión de la democracia, sobre la que volveremos.

3. Algunas ideas sobre el socialismo

Como dijimos anteriormente, no podemos encontrar en los escritos de Marx una respuesta que nos indique en detalle como se habría de estructurar una sociedad socialista. Marx, en su tiempo, se negó a diseñar un "sistema socialista". La razón era su crítica a lo que él denominaba el "socialismo utópico". Marx no quería construir utopías. Lo que quería ante todo era hacer un análisis científico de una realidad que tenía delante: el capitalismo. Para él, hacer un diseño detallado de una sociedad socialista era algo poco científico, porque esa realidad socialista todavía no existía. De este modo, en la obra de Marx solamente encontramos algunas indicaciones generales sobre lo que habría de ser el socialismo.

En algunos casos, lo que Marx veía era tendencias, dentro del capitalismo, que apuntaban a una cierta "socialización" de la vida económica, y que podía interpretar como señales de que el mismo capitalismo se dirigía necesariamente hacia una forma superior de organización social. Así, por ejemplo, Marx observaba que, en muchos casos, las empresas comenzaban ya entonces a ser dirigidas, no por el propietario de las mismas, sino por "ejecutivos" o gerentes, mientras que el verdadero capitalista se hacía más bien financiero. Para él esto era una señal que la función "empresarial" del capitalista tendía a desaparecer una vez que el capitalismo se iba desarrollando y los capitales se concentraban en pocas manos. Y aquí nos encontramos con otra tendencia propia del capitalismo, en la que Marx veía una dirección que apuntaba a su propia superación. En el capitalismo, los capitales más exitosos van devorando a los más pequeños, de tal manera que la "expropiación" de los capitales y la concentración de los mismos, lejos de ser algo que tengan que hacer los socialistas en el futuro, es algo que ya va sucediendo en el interior mismo del capitalismo.

Sin embargo, no es éste el dinamismo más importante que Marx encontraba en el capitalismo, y que él podía interpretar como una tendencia hacia otra forma superior de organización social. Para Marx, como veremos más detenidamente, el capitalismo se caracteriza por una continua sustitución del "trabajo vivo" de los seres humanos por las máquinas. Ahora bien, como vimos, para Marx el trabajo vivo es la fuente de toda riqueza en la sociedad capitalista. De alguna manera, lo que sostiene el capitalismo, el trabajo vivo de las personas, es algo que va siendo progresivamente expulsado del sistema en la medida que las personas son substituidas por la maquinaria. Para Marx, como veremos, esto tenía una consecuencia muy importante: si las ganancias capitalistas se fundan, en último término, sobre el trabajo vivo, la progresiva desaparición del trabajo vivo tendría por consecuencia la caída tendencial de la tasa media de ganancia. Los capitalistas tendrían cada vez más dificultades para rentabilizar sus inversiones. Al mismo tiempo, los productos se producirían cada vez de una manera más fácil, sin emplear casi ningún esfuerzo humano. De este modo, los bienes serían tan abundantes que sería difícil pedir un precio por ellos en el mercado.

Esto significaba, para Marx, que el "reino de la necesidad" (caracterizado por el imperativo del trabajo) iría dejando paso al "reino de la libertad", de tal manera que otro tipo de sociedad sería finalmente posible. Fijémonos en un texto de Marx, que aparece en el tercer tomo de *El Capital*: "El reino de la libertad comienza de hecho solamente allí donde el trabajo, caracterizado por la necesidad y el imperativo de los fines, cesa. Por tanto, este reino de la libertad está situado, según la naturaleza misma de la cosa, más allá de la producción material propiamente dicha. De la misma manera que el salvaje tiene que bregar con la naturaleza para satisfacer sus necesidades, para mantener su vida y para reproducirla, también tiene que hacerlo el civilizado en todas las formas de sociedad y en todos los modos posibles de producción. Con el desarrollo del civilizado se amplía el reino de la necesidad natural, porque se amplían las necesidades; pero al mismo tiempo se amplían también las fuerzas productivas que satisfacen esas necesidades. La libertad en este ámbito solamente puede consistir en que el ser humano socializado, los productores asociados, regulen racionalmente su intercambio con la naturaleza, en lugar de ser dominados por él como por un poder ciego, que realicen ese intercambio con el mínimo de esfuerzo, y bajo las condiciones más dignas y adecuadas a su naturaleza humana".

Podemos ahora reflexionar sobre algunas características de este texto. En primer lugar, se nos habla en él de un enorme desarrollo de las fuerzas productivas, que hará posible el tránsito a una forma superior de organización social, en la que el trabajo cese o sea reducido de tal modo que el ser humano quede liberado de las necesidades de bregar continuamente con la naturaleza para mantener y reproducir su vida. En segundo lugar, podemos ver que a Marx le interesa la libertad del ser humano. Su humanismo no ha desaparecido. De hecho, Marx nos habla de los "productores asociados", controlando racionalmente el intercambio con la naturaleza. Esto no es algo opuesto a la democracia, sino todo lo contrario: es una forma de democracia que no sólo se refiere a las libertades políticas formales o a la elección de gobernantes, sino que se extiende a la vida económica. Lo que Marx pretende es que la vida económica sea regida democráticamente por los productores asociados. En tercer lugar, todo el texto presupone la dignidad humana: lo que Marx pretende es que el intercambio humano con la naturaleza se haga, no de manera irracional, ni en la forma de la dominación de unos por otros, sino "bajo las condiciones más dignas y adecuadas a su naturaleza humana".

Y aquí tocamos una cuestión esencial. Porque podemos preguntarnos de dónde sale esta dignidad humana. Es algo que nos lleva a la siguiente sección.

II. LA PRAXIS VIVA

Hemos visto que Marx afirmaba, en sus escritos filosóficos, una distancia frente a todo el materialismo precedente, incluyendo el de Feuerbach. Frente al materialismo anterior a él, Marx afirmaba el carácter humano y subjetivo de nuestra praxis. En los *Manuscritos de economía y filosofía*, Marx propugnaba una superación de las oposiciones entre "subjetivismo y objetivismo, espiritualismo y materialismo, actividad y pasividad". Según Marx, "la solución de tales oposiciones teóricas sólo es posible mediante la energía práctica del ser humano y que, por ello, esta solución no es, en manera alguna, tarea exclusiva del conocimiento, sino una verdadera tarea vital". En la praxis viva del ser humano hay algo que, según Marx, supera las meras "determinaciones antropológicas en sentido estricto" y nos introduce en el campo de las "afirmaciones ontológicas".

Como es sabido, la ontología es la parte de la filosofía que trata del *ser*. El que en los actos humanos estemos hablando, según el propio Marx, de ontología, y no de mera antropología, es algo muy importante, porque nos sitúa ante una cuestión decisiva. Ya señalamos que, si el ser humano es un mero organismo biológico más evolucionado, no se ve claramente por qué ha de ser tratado en un modo distinto del modo en que se trata a los animales o a las plantas. El materialismo clásico tiene dificultades para aclarar en qué consiste la dignidad humana, y también para justificar que el ser humano concreto no debe ser sacrificado a instancias superiores, como el género humano, la sociedad o la historia. Ahora bien, Marx señala que en los actos humanos, concretamente en las sensaciones y en las pasiones, encontramos no sólo ciertas determinaciones antropológicas propias de nuestra especie, sino algo ontológicamente nuevo, un tipo de ser diferente. Y esto es precisamente lo que nos permite diferenciar al ser humano de cualquier otra cosa.

1. La ontología de la praxis

Para ver esto claramente podemos llevar a cabo un somero análisis de los actos humanos, utilizando algunos recursos que la filosofía contemporánea pone a nuestra disposición, y de los que carecía Marx cuando elaboró su pensamiento filosófico. Marx no elaboró sistemáticamente sus intuiciones filosóficas, y los marxistas tendieron a ignorarlas, adaptándolas a esquemas materialistas o hegelianos. En esos esquemas, la especial condición ontológica de los actos humanos desaparece y se objetiva. Con eso se pierde algo que, como hemos visto, era esencial en los orígenes del pensamiento socialista. Analicemos, pues, los actos humanos.

En realidad, todo acto humano, y no sólo las sensaciones y las pasiones que menciona Marx, tiene una interesante estructura. Los actos humanos consisten en el surgir de las cosas. Esto se puede decir tanto de una sensación, como de un movimiento corporal, como de un pensamiento abstracto, o de un acto de imaginación. En todos los actos surgen cosas, ya se trate de cosas sensibles (como en un acto de sensación) o de cosas meramente pensadas o imaginadas. En todo acto hay algo que se actualiza. Este "algo" o estas "cosas" pueden ser muy diversas: se puede tratar de colores, olores, o también de entes matemáticos, personajes de ficción, o de otras personas como nosotros. La fenomenología de cada uno de estos actos puede ser muy compleja, y envolver (o no) diversos momentos intencionales. Pero desde la sensación más elemental, en la que surge un color, hasta en el acto intelectual más complejo, en el que postulamos un teorema matemático, siempre podemos decir que en los actos humanos surge algo. Los actos humanos son un surgir de cosas.

La palabra "surgir" es muy interesante. Podríamos decir, como la fenomenología, "aparecer". Ahora bien, el surgir pone de relieve algo que pasa desapercibido si hablamos solamente de apariencias. La palabra "surgir" viene del latín *sub-regere*, que significa literalmente "subregir". En realidad, la expresión es muy antigua, pues ya el mismo Aristóteles entendía el acto (ἐνέργεια) como un "surgir la cosa" (ὑπάρχειν τὸ πρᾶγμα). El verbo ὑπάρχειν tiene exactamente la misma estructura que el surgir: hay un "sub-" (ὑπο-) y un "regir" (ἄρχειν). El "regir" nos indica que la cosa que surge no es algo sometido a nuestro acto, sino que nuestro acto está regido, dominado, por la cosa. Del mismo modo, el "sub-" indica que la cosa que surge no es algo que se agote en su regir, sino que de algún modo remite más allá del regir, hacia una realidad situada más allá de nuestros actos, y que surge en ellos. Y, sin embargo, es en nuestros actos donde nos encontramos con las cosas, y solamente en nuestros actos, desde los más elementales actos de sensación hasta los más complejos actos racionales, accedemos a la realidad de las cosas.

Podemos pensar que la praxis humana está integrada por actos, en sus más diversas estructuras y configuraciones. Ahora bien, cuando analizamos estos actos, nos damos cuenta de algo muy importante. Si, por ejemplo, queremos rememorar un acto de visión que hemos tenido esta mañana, podemos recordar aquello que hemos visto: una persona, o una cosa. De hecho, no podemos rememorar el acto más que rememorando aquello que surgió en ese acto. No podemos rememorar el acto por sí solo, separado de aquello que vimos. De hecho, los actos no son visibles, ni audibles, ni tocables. Dicho en otros términos: los actos no aparecen, no se actualizan, no surgen. Lo que surgen son las cosas que constituyen el término de esos actos. No es exacto afirmar, con Marx, que la actividad humana sea "real" u "objetiva" (*gegenständlich*), porque solamente es real lo que surge en nuestros actos, no los actos mismos. Por eso tampoco se puede decir, con Zubiri, que los actos sean "reales". Los actos no son reales ni en el sentido de la filosofía moderna (los actos no están "ahí fuera") ni tampoco en el sentido de la filosofía de Zubiri: los actos no se actualizan en la inteligencia, no son un "de suyo". Los actos no se actualizan porque son la actualización de las cosas. Los actos no surgen, sino que son el surgir de las cosas.

En este sentido habría que decir que los actos, propiamente, no son reales, sino que acontecen. Los actos no vienen a la presencia, sino que ellos constituyen precisamente el venir a la presencia. Heidegger ha hablado en este contexto de un *Ereignis*, algo que normalmente se traduce como "acontecimiento apropiatorio". Ciertamente, los actos, al igual que el *Ereignis* de Heidegger, constituyen ese momento radical de imbricación entre el ser humano y el mundo. Sin embargo, sería unilateral entender esta imbricación como una apropiación (*eignen*) o una pertenencia (*Zusammengehörigkeit*). En los actos, no hay solamente co-pertenencia, sino también la constitución de una alteridad muy radical. Y es que, precisamente, los actos son lo más distinto de las cosas.

Aunque los actos son inseparables de las cosas, los actos no son cosas, sino el surgir de las cosas.

En este punto, la etimología castellana del acontecer nos resulta más útil que las etimologías germánicas. El acontecer castellano proviene de un *ad-contingescere*. El "*ad-*" indica aproximación. El *contingescere* contiene un "con" (*cum-*) que sugiere comunidad, al mismo tiempo que un "tocar" (*tingo*), usado en un modo incoativo, el cual indica el inicio de una acción, de modo semejante al "florecer" castellano. De ahí vienen expresiones como lo "contingente" que es precisamente lo que me toca en suerte, lo que me sucede. Pero démonos cuenta que estamos ante un tocar. No todo acto es un tocar, pero en el tocar se expresa maravillosamente la riqueza ontológica del surgir. Imaginemos que tocamos una cosa, o que tocamos o somos tocados por otra persona. En el tocar, surgen dos realidades. Por una parte, surge lo tocado, y por otra parte surge el órgano que toca. Sin embargo, en el tocar, hay un solo acto, con dos realidades que surgen. Si se trata de dos cuerpos humanos que se tocan, podemos decir que en un mismo acto, en un mismo tocar, surgen dos cuerpos. La ontología de los actos incluye no sólo la imbricación entre el ser humano y las cosas. También incluye el surgir de los cuerpos humanos en la mismidad de un único surgir compartido. La ontología del surgir no sólo incluye la pertenencia, sino también la alteridad de los cuerpos que, incluso en la mayor intimidad del único acto de tocarse, siguen siendo realidades ajenas entre sí.

Los actos no son reales, pero acontecen. Este acontecer tiene una verdad muy propia, distinta de la verdad de las cosas reales. No se trata aquí de un preguntarnos causalmente qué es primero, si el huevo o la gallina. Lo importante es distinguir niveles ontológicos. Toda verdad de las cosas reales es siempre la verdad de una cosa actualizada en nuestros actos. Sin embargo, los actos son también verdaderos. Su verdad no es la verdad de una cosa actualizada, pues los actos no se actualizan. Su verdad es la verdad de la propia actualización misma. En eso consiste la primeridad de su verdad. La verdad de los actos no es la verdad de las cosas actualizadas y ratificadas en ellos. No es la verdad de un acuerdo entre nuestras ideas y las cosas, ni tampoco la verdad de un cumplimiento de nuestras hipótesis sobre las cosas. La verdad de los actos consiste en la patencia invisible de los mismos. Aunque no veo los actos, y aunque veo las cosas actualizadas en ellos, no puedo dudar de que he visto algo, no puedo dudar del acto mismo, aunque pueda dudar de qué fue exactamente lo que vi.

La patencia de los actos es inmediata. No hay nada que me conduzca a los actos. Estoy siempre en ellos. La verdad de los actos consiste en su patencia inmediata. Esta patencia inmediata es diáfana, transparente. Los actos no son visibles, pero todo resulta visible en los actos. Si siempre estamos entre cosas reales, es porque siempre están aconteciendo los actos en los que surgen las cosas reales. Sin el surgir de las cosas reales, no habría para nosotros ninguna realidad. Ahora bien, la diafanidad de los actos no es la transparencia de un cristal. La patencia de los actos consiste en una transparencia viva, entendiendo por "vida" precisamente ese momento por el que los actos se diferencian radicalmente de las cosas. No se trata de la vida de las células o de los virus. La vida designa aquí precisamente el carácter humano de los actos, aquél momento por el que los actos se diferencian de todas las cosas. Marx insistía precisamente, en los *Manuscritos de economía y filosofía*, sobre el carácter humano de nuestros actos.

Este carácter humano no consiste en el hecho de que estos actos sean ejecutados por seres vivos. De los actos de los seres vivos solamente podemos saber indirectamente, de modo analógico. No sabemos si otros seres vivos tienen un acceso a la patencia inmediata y diáfana de sus actos. Es posible que, para la mayoría de los seres vivos, no haya ningún acceso a los actos mismos, sino solamente a las cosas que surgen en ellos. De hecho, si nuestros actos son accesibles, si podemos diferenciarlos de las realidades que surgen en ellos, es precisamente porque las cosas surgen con una alteridad radical que permite distinguirlas de su surgir. No se trata, como quiere Michel Henry, de separar los actos de las cosas. No hay actos sin cosas. Incluso el dolor más recóndito es inseparable del órgano que me duele. E incluso la nostalgia más íntima es inseparable de las personas o de las cosas que extraño. Lo humano de los actos no consiste en que los actos acontezcan sin cosas, sino que el acontecer de los actos es un surgir de cosas que, en su surgir, son radicalmente otras que ese surgir.

Desde este punto de vista, la persona humana no ha de ser pensada como un sujeto situado "por detrás de" los actos. Lo más humano y personal de la persona se encuentra precisamente en los actos. El intento de pensar la persona como un sujeto *(subjectum)* no es más que una continuación moderna de la metafísica tradicional de la substancia. Lo verdaderamente personal consiste justamente en el "resonar" de los actos en nuestra carne. Los actos humanos no sólo son un surgir de las cosas, sino que su acontecer es un acontecer carnal en nuestro cuerpo. Nuestros actos no acontecen en la conciencia, sino en nuestra carne. Este acontecer es precisamente un resonar acotado de los actos. Precisamente eso es lo que designa la etimología popular de la persona: el "per-sonare", el resonar de los actos en nuestra carne. La persona no es primeramente un sujeto ni una realidad que se autoposee. Lo radical de la persona está en el acontecer carnal de los actos. En ese acontecer, las cosas que surgen, y el cuerpo en el que los actos acontecen, son sin duda realidades. Y, sin embargo, los actos no son reales, sino simplemente acontecen. Ese acontecer carnal determina la especificidad del ser humano, su diferencia con las cosas, y su especial dignidad.

2. La sustantivación de la praxis

La dignidad de la praxis humana se oculta cuando las acciones humanas se objetivan. Ya decía Heráclito que "el surgir o brotar (φύσις) gusta de esconderse". Una tendencia constante en la historia del pensamiento ha sido la de reducir las acciones humanas a meros movimientos corporales, despojados de su vida invisible. Ciertamente, los movimientos corporales modulan el acontecer carnal de nuestros actos. Pero nuestros actos no se reducen a esos movimientos. Un acto de sensación no se reduce a los movimientos corporales que lo pueden acompañar. El acto es el surgir mismo de la cosa que siento, y este surgir no es un movimiento corporal, sino una patencia diáfana y viva. Nuestros actos, aunque acontecen carnalmente, no se identifican con los movimientos corporales que ejecutamos: los actos no son cosas, sino el surgir de las cosas.

Es importante tener en cuenta que, cuando hablamos de "vida" para referirnos a nuestros actos, no estamos tratando de los organismos que estudian los biólogos, sino de algo radicalmente distinto, a lo que nos referimos cuando decimos que la vida es bella, o que la vida es dura. En este caso, la vida designa el surgir mismo de las cosas, y no las cosas que surgen. El estudio de las bases biológicas de nuestros actos es un momento ulterior, que pretende explicar la praxis o "vida" yendo más allá de los actos mismos, hacia las estructuras materiales que los hacen posibles. Pero nuestros actos no son esas estructuras materiales: de nuevo hay que afirmar que los actos no son cosas, sino el surgir de las cosas. El intento de reducir este surgir de las cosas a sus fundamentos biológicos es otra manera de objetivar nuestras acciones, despojándolas de su textura ontológica propia, que la hace distinta de todas las cosas. La ontología de los actos es verdaderamente una metafísica, porque nos remite a algo que es distinto de todas las cosas físicas, y que consiste precisamente en el surgir de las mismas.

Otro camino para intentar la objetivación o sustantivación de la praxis consiste en reducir los actos humanos a sus resultados. Los actos humanos son considerados entonces desde el punto de vista de la producción (ποίησις), de tal modo que solamente sería verdadera praxis la praxis productiva. De hecho, una tendencia constante en el marxismo ha sido la de reducir la praxis a la "transformación", olvidando que una gran parte de nuestros actos están caracterizados por una enorme pasividad. Ciertamente, hay actos productivos, en los que surgen las cosas producidas por nuestra praxis. Sin embargo, una gran cantidad de nuestros actos no son productivos, y el surgir en ellos designa una radical pasividad. Por esto precisamente no tiene sentido oponer la praxis a la teoría: tanto los actos productivos como los actos de pensamiento forman parte de la praxis humana, y tanto unos como otros no son cosas que surgen, sino el surgir mismo de las cosas. Contra lo que Aristóteles pensaba, hay que sostener que la praxis incluye los actos productivos. Pero contra lo que Marx pensaba, la praxis incluye también los actos de pensamiento.

Es interesante observar que la tendencia a la sustantivación de nuestra praxis es a veces denunciada en algunas tradiciones religiosas. Pongamos dos ejemplos. En el *Bhagavad-gita*, que forma parte de la gran epopeya hindú del *Mahabharata*, el joven Arjuna está angustiado por las consecuencias que pueden tener sus acciones bélicas, pues sus parientes se encuentran en el bando contrario, y matarlos le acarreará toda suerte de desgracias. Pero el dios Krishna se aparece a Arjuna, y le anima a no querer comer de los frutos de sus acciones. Los "frutos" es una manera habitual de referirse a los productos o resultados de nuestra praxis. El mensaje de Krishna indica que las acciones humanas tienen valor por sí mismas, y no pueden reducirse a sus resultados. Del mismo modo, en el libro hebreo del Génesis, el Dios de Israel prohíbe a Adán y Eva que se alimenten de los frutos del árbol del bien y del mal. De nuevo las acciones mismas no han de reducirse a sus resultados, buenos o malos. La acción humana tiene valor por sí misma, y no simplemente por lo que produce. Y esto es de nuevo una expresión de la dignidad humana: la persona humana no puede reducirse a sus productos; el acontecer carnal en que consiste nuestro carácter personal no se puede objetivar, reduciéndolo a sus resultados.

Se trata de una cuestión que tiene importantes conexiones con el ámbito de la economía. Hace algunos años, un economista catalán, Antón Costas, escribía un artículo en el diario *El País*, en el que señalaba que la humanidad actual tiene los recursos suficientes para acabar con la pobreza y la desigualdad extremas en el planeta. Y entonces se preguntaba por las razones para que no hubiéramos acabado con estas plagas. La *segunda* razón que aportaba Costas era propia de su ámbito profesional: la inexistencia de una autoridad económica global, que pudiera adoptar políticas sociales globales, impedía la posibilidad de ayudar a los más pobres. Sin embargo, la *primera* razón aducida por Costas era de un carácter muy distinto. Según él, habría una profunda tendencia en la naturaleza humana a pensar que los más ricos (personas y pueblos) son merecedores de su situación, que habrían alcanzado con su habilidad y esfuerzo, al mismo modo que consideramos a los más pobres (personas y pueblos) como merecedores de su destino, por su falta de inteligencia o de disciplina. Esto, según Costas, nos convierte en admiradores y aduladores de los poderosos, y en despreciadores de los más débiles.

Démonos cuenta de que la profunda tendencia que mencionaba Costas tiene que ver precisamente con lo que hemos llamado la sustantivación u objetivación de la acción. La acción es medida por sus resultados, y son estos resultados los que justifican nuestras acciones, convirtiendo a los poderosos en merecedores de su destino, y a las víctimas en culpables de su situación. La dignidad ontológica de la praxis humana desaparece cuando la acción humana se reduce a sus resultados. No sólo se justifican las grandes diferencias sociales, sino que la persona humana es reducida a las cosas que produce o que obtiene. Con esto, no sólo se denigra al pobre, sino incluso también al rico: ambos quedan reducidos a cosas, a las que quedan esclavizados. Si en la praxis humana está la clave de la dignidad ontológica de la persona humana, en la praxis humana está también el "pecado original" que la reduce a las cosas que surgen en ella. Es algo sobre lo que tenemos que volver.

III. EL SOCIALISMO DEL SIGLO XX

Nuestro análisis de los orígenes del socialismo nos hace sospechar la existencia de graves diferencias entre el socialismo del siglo XIX y el socialismo "real" que se desarrolló a partir del triunfo de la revolución rusa en el año 1917. Para estudiar la génesis de esas diferencias vamos a analizar, en primer lugar, algunos aspectos esenciales de la historia económica y política de la Unión Soviética, pues ello nos permitirá entender la génesis y la estructura básica de los sistemas de planificación centralizada. En segundo lugar, tendremos que preguntarnos por las características básicas del nuevo sistema económico. En tercer lugar, vamos a estudiar algunas dificultades teóricas y prácticas de la planificación centralizada, lo que nos permitirá entender, en cuarto lugar, el "regreso" al capitalismo. Esto nos llevará finalmente a hacernos algunas preguntas sobre la filosofía del socialismo soviético.

1. La génesis de la planificación centralizada

Es importante recordar que el movimiento socialista se hallaba agrupado, desde sus orígenes, en estructuras que explícitamente presentaban un carácter internacional. La "Primera Internacional" dio paso, tras la escisión entre la socialdemocracia y el movimiento comunista, a la "Segunda Internacional". La ruptura de los trotskistas dio lugar, finalmente, a la "Tercera Internacional". El carácter internacional del movimiento se debía a la conciencia clara de que el capitalismo era un régimen económico mundial, que trascendía progresivamente las fronteras de los estados nacionales. Los distintos pueblos y los distintos modos de producción estaban siendo absorbidos en un sistema económico único, que rápidamente estaba conquistando todo el planeta. Por tanto, si el sistema capitalista era global, su superación daría lugar a un sistema económico nuevo, que también sería global.

Ya hemos visto que, en la teoría de Marx, el paso a un sistema económico nuevo presuponía el desarrollo cada vez mayor de las fuerzas productivas, que irían haciendo cada vez más innecesarias las instituciones básicas del capitalismo, como la propiedad privada de los medios de producción, el mercado y el trabajo asalariado. Cada vez más serían las máquinas las que harían el trabajo, y cada vez sería mayor la abundancia de bienes. Esto, evidentemente, conducía a la idea de que la superación del capitalismo tendría lugar en los países más industrializados, en los que existía una clase obrera más numerosa, que posteriormente llevaría la revolución al resto del planeta.

Algo muy distinto fue lo que sucedió. La revolución tuvo lugar en Rusia, un país relativamente atrasado. El modo de explicar esta anomalía consistió en decir que Rusia era "el eslabón más débil de la cadena". La metáfora no indicaba, obviamente, que en Rusia hubiera ocurrido un hecho aislado. Cuando un eslabón se rompe, es que la cadena se ha roto. Por eso mismo, en los inicios de la revolución soviética, se esperaba que la caída del sistema capitalista mundial sucediera rápidamente. Rusia no tendría que construir ella sola el socialismo. Muy pronto, el proletariado victorioso de los países más industrializados vendría en ayuda de los bolcheviques.

Estas expectativas iniciales condicionaron la primera fase en la historia económica de la Unión Soviética, normalmente conocida como "comunismo de guerra" (1917-1920). Por una parte, se apostó por una rápida nacionalización de la economía, que pasó a situarse bajo una dirección centralizada. Por otra parte, la primera prioridad era abastecer al ejército rojo, organizado por Trotsky, que tenía que enfrentarse a los ejércitos contrarrevolucionarios, apoyados por los países occidentales. En este contexto, se decretó el trabajo obligatorio para toda la población, y se aumentó la duración de la jornada laboral. Las protestas y las huelgas fueron prohibidas bajo pena de muerte. Los campesinos fueron expropiados de sus excedentes, que tenían que ser entregados a las autoridades soviéticas. En una situación de enorme escasez, el mercado negro florecía, la vida en las ciudades resultaba extremadamente difícil, y muchas personas se dirigieron al campo con la esperanza de encontrar más fácilmente los recursos para poder alimentarse. Sin embargo, en el campo tuvieron lugar diversas revueltas en contra del gobierno bolchevique. En conjunto, la experiencia del "comunismo de guerra" fue más bien caótica, de tal modo que a partir del año 1921, Lenin impulsó una "Nueva Economía Política".

La Nueva Economía Política (1921-1929) fue, como el mismo Lenin la describió, un paso hacia atrás que permitiera tomar impulso para, posteriormente, dar dos pasos hacia adelante. Desde su punto de vista era un paso hacia atrás, porque las medidas que se tomaron favorecían, hasta cierto punto, la vuelta a la propiedad privada de los medios de producción. A los campesinos se les concedió la libertad para poseer pacíficamente sus tierras, y para vender sus productos en el mercado. Las pequeñas empresas privadas fueron legalizadas, especialmente en el sector del comercio, de modo que las pequeñas tiendas volvieron a aparecer. Sin duda, seguía existiendo un control central de la economía, pues las autoridades soviéticas establecían los objetivos y las directrices generales. No obstante, los directores de las empresas estatales disponían de una cierta libertad para administrar sus empresas. Tenían que llevar una especie de "contabilidad de pérdidas y ganancias" en la que se trataba de reflejar la salud económica de la empresa. Ahora bien, dentro del plan, los directores de las empresas podían decidir qué producir, cuánto producir, a quién comprar los medios de producción necesarios, y a quién vender sus productos y en qué cantidades. Las empresas tenían que entregar la mayor parte de sus beneficios al estado, pero conservaban una parte para mejorar y ampliar la producción.

Es interesante observar que la época de la Nueva Economía Política estuvo caracterizada por una gran libertad de discusión en el terreno económico. Algunos autores (Preobrazhensky) abogaban por una industrialización rápida, mientras que otros (Bujarin) preferían un desarrollo más armónico entre los sectores industriales y el campo. Este ambiente de libertad favoreció el florecimiento de la ciencia económica socialista. En conjunto, la Nueva Economía Política dio los frutos esperados, porque permitió la salida del caos económico de la fase anterior, y aseguró una mayor lealtad de la población hacia la revolución soviética. Sin embargo, la Nueva Economía Política no estaba destinada a durar. Por una parte, comenzaba a resultar obvio que la caída global del sistema capitalista no se iba a producir en el corto plazo. Algunos, como Trotsky, apostaban por continuar intentando la revolución mundial. Pero el nuevo líder triunfante, Stalin, tenía otros planes. La Unión Soviética estaba aislada, y tendría que construir el socialismo por sí misma. Y esto significa la necesidad de industrializarse rápidamente, para así convertirse en una potencia mundial que pudiera resistir la contraofensiva del capitalismo.

De hecho, la Nueva Economía Política siempre se había pensado como una fase provisional. A partir del año 1929, Stalin inició la colectivización forzada de la agricultura. La propiedad privada fue suprimida. Los campesinos más acomodados (*kulaks*) fueron simplemente ejecutados. Las pequeñas empresas privadas fueron prohibidas. Con el comienzo del primer plan quinquenal, los directores de empresas perdieron su autonomía, y recibieron claras indicaciones de lo que habían de producir y en la cantidad en que lo habían de producir. La agencia planificadora central era ahora la que decidía sobre la distribución de lo producido por las empresas, ya se tratara de maquinaria o de bienes de consumo. Stalin también puso fin a la libertad de discusión teórica, y sistematizó oficialmente los caracteres fundamentales de la filosofía soviética. Tanto Preobrazhensky como Bujarin fueron ejecutados. Pero no sólo ellos. De hecho, prácticamente toda la primera generación de revolucionarios fue aniquilada en las grandes purgas. Otros fueron a parar a los campos de concentración (*gulag*), donde terminaron su vida realizando trabajos forzados para el nuevo estado soviético.

2. Las características básicas del nuevo régimen

El nuevo sistema económico que surgía en la Unión Soviética, y que más tarde se extendería, con muy ligeras variantes, al resto de los países socialistas, podemos describirlo rápidamente atendiendo al modo en que fueron transformadas las tres características que consideramos esenciales en el capitalismo. La propiedad privada de los medios de producción fue transformada en propiedad estatal. Las empresas pasaron a ser dirigidas por funcionarios, designados por el gobierno, que eran miembros leales del partido comunista. El mercado fue sustituido por la planificación centralizada. Una agencia planificadora central, dependiente del gobierno soviético, recogía información sobre las necesidades de la sociedad, decidía sobre las prioridades productivas, pasaba instrucciones a los directores de la empresa sobre lo que habían de producir, y determinaba el modo en que se había de distribuir finalmente lo producido. En cierto modo, se puede decir que en el socialismo soviético seguía habiendo trabajo asalariado, porque los trabajadores recibían un pago de acuerdo a sus horas de labor. Sin embargo, ya no existía propiamente un mercado de trabajo. El puesto de trabajo se determinaba en función de la preparación de cada ciudadano, y prácticamente no existía desempleo.

Desde un punto de vista técnico, los teóricos del socialismo del siglo XX dirían que la plusvalía había desaparecido. Y no cabe duda de que, en el socialismo soviético, ya no existían capitalistas que establecieran contratos con los trabajadores, recibiendo su fuerza de trabajo, y pagando solamente lo necesario para el sostenimiento y la reproducción de la vida humana. Sin embargo, como ya indicamos, esto no quiere decir que, en el socialismo soviético, los trabajadores recibieran, en forma de bienes y servicios, un valor equivalente al trabajo que entregaban a sus empresas. Evidentemente, una parte de su trabajo era destinada a mantener y aumentar los medios de producción. Dicho en otros términos: aunque se evite hablar de "plusvalía", en el socialismo real seguía habiendo un excedente. Y lo decisivo para analizar el sistema socialista soviético es averiguar cómo se administraba ese excedente. Esto puede hacerse considerando las dificultades de la planificación centralizada.

3. Las dificultades de la planificación centralizada

La discusión sobre la planificación centralizada se puede plantear desde un punto de vista más teórico, analizando el debate económico en torno a ella. De hecho, este debate comenzó muy pronto, cuando un economista austríaco, Ludwig von Mises, afirmó que sin el mercado es imposible asignar de una manera racional los bienes y recursos. Como es sabido, el funcionamiento en el mercado de la ley de la oferta y la demanda permite decidir a los capitalistas qué es lo que han de producir, y en qué cantidad lo han de producir. Según von Mises, la inexistencia de un mercado conduciría a la irracionalidad económica. La respuesta de los socialistas soviéticos, y concretamente del economista polaco Oskar Lange, consistió en mostrar, de un modo matemático, que el planificador central socialista puede simular *a priori* el vaivén de la oferta y la demanda. De este modo, el planificador podría contar con una especie de mercado simulado, y tomar decisiones racionales sobre la asignación de los bienes y recursos. En cierto modo, una gran parte de los economistas consideraron que la respuesta de Lange era satisfactoria, y el debate se dio por concluido durante un tiempo.

Una segunda fase de la discusión fue iniciada por un discípulo de von Mises, llamado Friedrich Hayek. Éste tuvo que aceptar en buena medida la respuesta de Lange. Sin embargo, señalaba Hayek, en un sistema de planificación centralizada ni los directores de empresas ni los ciudadanos en general tendrían verdaderos incentivos para introducir mejoras en la producción. Toda la responsabilidad en la dirección de la economía descansaría sobre los planificadores centrales, y éstos tampoco tendrían especiales incentivos para introducir novedades. En cambio, en un régimen capitalista, los propietarios de los medios de producción están constantemente presionados para innovar, hasta el punto que de ello depende su supervivencia como capitalistas. La respuesta de Lange, en cierto modo menos convincente, consistió en decir que también en el capitalismo los gerentes de la empresas son cada vez más personas distintas de sus propietarios reales, lo cual también hace que disminuyan sus incentivos para introducir novedades.

En cualquier caso, las dificultades de la planificación centralizada resultan más evidentes si atendemos a su funcionamiento en la práctica, tal como pedía Marx en su octava tesis sobre Feuerbach. Pues bien: veamos algunas dificultades prácticas de la planificación.

Ante todo, conviene caer en la cuenta que, en un régimen de planificación centralizada, la agencia planificadora central adquiere un poder casi irrestricto en el ámbito económico. Si en una empresa capitalista el propietario de la misma puede decidir con pocas restricciones sobre la continuidad de los trabajadores en sus puestos, en un sistema de planificación centralizada, la agencia planificadora adquiere un poder semejante a escala de toda la sociedad. En principio, la agencia planificadora central puede decidir sobre el futuro económico de cualquier empresa, e incluso de cualquier persona. Imaginemos por ejemplo que existiera un diario en el que se formularan ciertas críticas hacia los planificadores. No sería necesario encarcelar a los directores del mismo. La agencia planificadora central podría, por ejemplo, reducir o suprimir la asignación de papel o de tinta para ese diario. Y esto sucedería incluso si la agencia planificadora centralizada fuera elegida democráticamente. También en ese caso podría ahogar económicamente a toda institución opositora. A esto hay que añadir, por supuesto, otro tipo de tentaciones. La agencia central podría fácilmente planificar en beneficio de los propios planificadores, asegurándoles ciertos privilegios propios de todo dirigente soviético (casas, automóviles, viajes, etc).

Otras dificultades son de carácter más técnico. Los planificadores tienen que disponer de una gran cantidad de información, muy detallada, sobre la sociedad sobre la que están planificando y sobre las necesidades de la misma. Ahora bien, el flujo de la información hacia arriba no es necesariamente fácil en una sociedad compleja. Por otra parte, los planificadores no pueden fácilmente recibir retroalimentación sobre el funcionamiento del plan. Normalmente, tienen que esperar al final del mismo (por ejemplo, un quinquenio) para poder evaluar sus resultados. Y esto significa que, en general, la planificación tiene lugar a partir de la experiencia pasada.

Por otro lado, podemos ponernos en la situación de los directores de las empresas socialistas. En principio, su interés principal era cumplir o sobre-cumplir el plan, pues éste era el modo en que eran evaluados. Por eso, las posibles innovaciones que introdujeran estaban supeditadas a que ayudaran a realizar los objetivos señalados por los planificadores. Esto daba lugar a ciertas distorsiones concretas. El producir artículos grandes y pesados era una manera fácil de cumplir los objetivos del plan cuando estos eran indicados en términos de peso. Del mismo modo, los artículos largos y estrechos facilitaban el cumplimiento de instrucciones de los planificadores cuando éstas eran dictadas en unidades de medida. No sólo esto. Los directores de empresas tendían a ocultar a los planificadores las verdaderas capacidades productivas de su empresa. De este modo, los planificadores no les imponían exigencias demasiado difíciles de cumplir. Igualmente, los directores de las empresas tendían a pedir más materias primas de las que realmente necesitaban, para asegurarse de no sufrir posteriormente dificultades de abastecimiento. Todo esto implica, obviamente, una tendencia seria hacia el despilfarro y hacia la ineficiencia económica.

En definitiva, en el socialismo real, el excedente ("plusvalía") de trabajo que no regresaba a los trabajadores en forma de bienes y servicios era administrado por dos grupos principales: los planificadores centrales y los directores de las empresas estatales. La historia económica soviética posterior al estalinismo está caracterizada por las tensiones entre los "conservadores", es decir, los sectores vinculados a la elite planificadora central, y los "reformistas", que no eran otros que aquellos directores de empresas deseosos de obtener más autonomía en su gestión. De hecho, la incapacidad de la agencia planificadora central para conocer todos los detalles de una economía compleja llevaba inevitablemente a conceder más autonomía a los directores de empresas. Pero con esto se creaba una situación un tanto extraña: los directores de empresa tenían que tomar decisiones sin los criterios del mercado capitalista y sin las indicaciones precisas de la agencia planificadora central. Y esto significaba que, de alguna manera, el mercado tendía a reaparecer. Algunos directores de empresas disponían de ciertos bienes, de los que otros carecían. De este modo, era posible ponerse de acuerdo sobre el trueque o la compra de ciertos materiales o maquinarias. Ahora bien, esto tenía que hacerse a veces de modos ilegales, con lo que un mercado negro se iba generando.

En un sistema capitalista, cuando los bienes son escasos, el precio de éstos aumenta, y solamente acceden a ellos los que disponen de capacidad adquisitiva. Ahora bien, en un sistema socialista, los mismos bienes escasos tienen un precio fijo, determinado por los planificadores. En principio, todos podrían acceder a ellos. Pero los bienes no son suficientes para todos. Por eso, solamente acceden a ellos los que se sitúan en los primeros puestos de las colas ante las tiendas estatales. A veces, esos primeros puestos, o esos bienes escasos, se pueden obtener si uno conoce a las personas indicadas. En cualquier caso, los bienes siguen siendo escasos después de adquiridos, y si uno ha adquirido más de los que necesita, puede venderlos posteriormente a un precio superior. También aquí la tendencia conduce a la aparición de un mercado negro.

La aparición del mercado negro, tanto en el nivel de los directores de empresas como en el nivel cotidiano de los consumidores tiene algunas importantes consecuencias. Cuando el mercado es legal, existen dispositivos para obligar al cumplimiento de los contratos, al pago de las deudas, al aseguramiento de la calidad de los productos, etc. Quien no cumple con los requisitos de un intercambio honesto puede ser multado, encarcelado, etc. Ahora bien, cuando el mercado es ilegal, no es posible recurrir al estado para forzar el cumplimiento de los contratos. De ahí que el mercado negro exija la existencia de medios coactivos ilegales, distintos a los del estado. No existe mercado negro sin mafia. Contra lo que se suele pensar, las mafias soviéticas no surgieron el día que se inició el tránsito al capitalismo. Sin duda, el tránsito al capitalismo les ha permitido prosperar. Pero las mafias son consustanciales a la existencia de un mercado negro, y su existencia se inicia cuando se inició ese mercado negro. El tránsito al capitalismo sirvió, en muchos casos, para convertir a los mafiosos en empresarios legales.

Otra consecuencia de la existencia de un mercado negro tiene que ver con el hecho de que el acceso cotidiano a ciertos elementos del consumo tenía que hacerse por medios ilegales. En cierto modo, todos los ciudadanos tenían que cometer ilegalidades, y por otra parte estas ilegalidades eran conocidas por otros muchos ciudadanos. Esto significaba el miedo permanente a la delación. A veces se ha hablado de los estados socialistas como estados policiales. Ciertamente, la falta de libertades políticas implicaba un control policial más o menos estricto. Sin embargo, el hecho de que todos conocieran hasta cierto punto las ilegalidades de los demás conllevaba un control constante de unos por otros. Como ha señalado Michel Henry, los estados socialistas no eran simplemente estados policiales, sino más bien estados de delación, donde de alguna manera cualquiera podía convertirse fácilmente en un informante de los organismos de seguridad del estado. Algo que se ha visto confirmado cuando, mucho tiempo después, los archivos de las agencias de seguridad fueron dados a conocer al público.

4. El regreso al capitalismo

Es importante tener en cuenta que estas dificultades del socialismo del siglo XX fueron dificultades estructurales, vinculadas a las características fundamentales de este tipo de socialismo. No se trató simplemente de abusos por parte de algunos "camaradas" malintencionados. En todos los países socialistas se produjeron dificultades semejantes, relacionadas con el enorme poder concedido a los planificadores y con aquellos límites de la planificación que determinan la aparición de un mercado negro. Esto no significa, sin embargo, que el socialismo del siglo XX no funcionara en absoluto. La planificación centralizada funciona bien para detectar las necesidades básicas de la población, y para determinar los elementos necesarios para llevar a cabo una industrialización de la sociedad. Por eso, muchos países socialistas pudieron pasar de situaciones cercanas al feudalismo (pensemos por ejemplo en Rusia o en Hungría) a niveles de desarrollo considerables. Sin embargo, en muy pocos años, la mayor parte de los países socialistas han vuelto al capitalismo, a veces con consecuencias humanas terribles.

La reestructuración económica (*perestroika*) propuesta por el líder soviético Gorbachov no pudo llevarse a cabo, en gran medida porque no contaba con un sujeto social que estuviera verdaderamente interesado en la misma. Los sectores conservadores se oponían tanto a la idea de conceder más autonomía a los directores de empresas estatales como a la propuesta de permitir el establecimiento de cooperativas al margen de la propiedad estatal. Sin embargo, los reformistas tampoco veían con buenos ojos la pretensión de imponer mayor transparencia a los directores de empresas, al tiempo que se combatía el mercado negro y la corrupción. Una gran parte de la población no parecía especialmente interesada en mantener el sistema socialista. El boicot de muchos sectores a la *perestroika* no hizo más que aumentar las dificultades económicas, restando popularidad a Gorbachov. Por eso, cuando llegó la ocasión, muchos ciudadanos apostaron por los cambios más radicales propuestos por los antiguos reformistas, liderados por Yeltsin.

Estos cambios consistieron básicamente en una transformación de la antigua elite socialista (incluyendo las mafias) en propietarios de los medios de producción. De hecho, los directores de empresas ya venían funcionando en gran medida como los poseedores de unos medios de producción que, en teoría, pertenecían al estado. El tránsito al capitalismo consistió en la legalización de una situación que ya existía *de facto*. La mayor parte de la población aceptó estos cambios con apatía, pues decenios de socialismo real no les hacían sentir como propios los medios de producción de los que se apropiaron los antiguos dirigentes comunistas. De la noche a la mañana aparecieron "millonarios" y "billonarios", mientras que la esperanza de vida de la población descendió en varios años. La mayor parte de los países de la órbita soviética siguieron este proceso. En China, la transición al capitalismo transcurre de forma menos traumática, pero por líneas semejantes: los antiguos dirigentes comunistas se convierten en capitalistas, bajo la vigilancia y el control férreo del partido. El gran experimento del socialismo del siglo XX parece haber llegado a su fin, con pocas excepciones.

IV. INDIVIDUO Y SOCIEDAD

El marxismo que conocieron millones de personas, el marxismo que estudiaron los revolucionarios, el marxismo que se transmitió en forma de manuales, diccionarios, etc., fue una ideología generada en gran medida al margen de las tesis filosóficas características de Marx. Sin duda, Marx se consideraba a sí mismo como "materialista", pero lo hacía subrayando una gran diferencia con todo materialismo precedente. En realidad, su defensa de la dignidad de la praxis humana viva no resulta fácilmente compatible con lo que normalmente se entiende por materialismo. De hecho, el mismo Marx nunca se esforzó por elaborar una ontología de la materia. Ésta fue más bien obra de su amigo y colaborador Engels. Mientras que Marx hablaba más bien de "materialismo histórico", fueron sus sucesores los que comenzaron ha hablar de un "materialismo dialéctico".

1. El materialismo dialéctico

A través de autores como Plejanov, Lenin y, finalmente, Stalin, el materialismo dialéctico y el materialismo histórico terminaron por convertirse en la ideología oficial de la Unión Soviética, de los demás países socialistas, y de los partidos revolucionarios en todo el mundo. Esta ideología tenía ahora un componente fuertemente hegeliano. Es cierto que Marx mismo, como otros autores de su generación, hacía frecuentes referencias a Hegel, y hablaba a veces de "dialéctica", con varios sentidos. Por ejemplo, el término "dialéctica" podía ser empleado para referirse a los conflictos sociales, o al hecho de que la praxis humana viva se halla en interacción con su entorno natural y social. Sin embargo, hay otro sentido de la dialéctica de Hegel que en Marx tiende a desaparecer. La dialéctica hegeliana está vinculada a la confianza de que los grandes procesos de la historia humana están regidos por leyes racionales que se encuentran en la Idea desde el comienzo mismo de esa historia, la cual no consiste entonces más que en su realización. Esta concepción de la dialéctica conduce a algo que, según vimos, era rechazado decididamente por Marx: es la idea de grandes objetividades sustanciales y subjetuales que se imponen y ahogan la vida humana real.

Estas grandes objetividades tienen diversos nombres: la materia, el género humano, la sociedad, la clase social, la historia. Pensemos, por ejemplo, en la primera de ellas. Muchos fueron los que concibieron la materia de una manera monista, como una especie de sustancia, dotada de la capacidad de dar saltos dialécticos, que impregnaría todas las realidades, y se concretaría en cada una de ellas. Sin embargo, ninguno de los desarrollos de las ciencias en el último siglo nos hace pensar que exista algo así como "la" materia. Más bien existen cosas, muy diversas, que podemos llamar materiales, no porque sean concreciones de una única sustancia, sino porque conforman estructuras múltiples que podemos considerar como el fundamento de las cualidades sensibles que surgen en los actos sensoriales. Ahora bien, no todos los actos son sensoriales. Además, como hemos visto, el surgir es ontológicamente distinto de las cosas que surgen. Contra dualismos como los de Michel Henry hay que afirmar que los actos son inseparables de lo que surge en ellos. Como decía Antonio Gramsci, los actos no son puros, sino impuros. Ahora bien, contra todo monismo hay que afirmar la diversidad de lo que surge, y la distinción entre lo que surge y el mismo surgir. Esta distinción es precisamente la que nos sitúa en un horizonte que no es el horizonte griego de la sustancia natural, ni el horizonte moderno del sujeto, sino el horizonte contemporáneo de la praxis.

Desde este punto de vista, podemos decir que el materialismo dialéctico se caracterizó por el olvido de las contribuciones filosóficas más significativas de Marx. Junto a otros post-hegelianos, Marx se situó en un horizonte filosófico nuevo, en el que también se situaron autores muy diversos ideológica y políticamente, tales como Kierkegaard, Nietzsche, Husserl o Heidegger. En ellos se inició la superación de aquel horizonte griego que consideraba al ser humano como un mero trozo de la naturaleza, y también de aquél horizonte moderno que convertía a la conciencia humana en una especie de receptáculo de todas las cosas, en cuanto conocidas por ella. Y, en este nuevo horizonte, la praxis, la vida, los actos, la existencia o el acontecer cobran un significado radical. Y aunque estos conceptos denotan el abandono del viejo subjetivismo de la filosofía moderna, en ellos viene a primer plano la praxis humana concreta, la existencia viva y real, a la que ya nos hemos referido. En la praxis viva, lo particular no queda sometido a lo universal, sino que se constituye en punto de partida ineludible para toda consideración ulterior.

Este "olvido de la praxis" no fue una lamentable casualidad intelectual, por la que se perdió lo más original de la filosofía de Marx. Este olvido cumplió algunas funciones ideológicas esenciales. Por una parte, contribuyó a ocultar que esa praxis viva, al igual que en el capitalismo, es, según Marx, el origen de toda riqueza. El silencio sobre la irreductibilidad de la praxis viva facilitaba el silencio sobre la existencia de una explotación "socialista": unos administraban la "plusvalía" o excedente que otros producían. Por supuesto, no es que el marxismo oficial no hablara de la praxis, pero se trataba de una praxis objetivada, y por tanto subsumible en realidades más amplias, también objetivadas, como la sociedad, la clase social o la historia. En segundo lugar, el olvido de la irreductibilidad de la praxis viva cumplía la función ideológica de legitimar el sometimiento o incluso el sacrificio de los individuos vivos en el altar de realidades más importantes, como la sociedad o la historia. Si el individuo no es más que un caso particular de la verdadera realidad, que es la universal, no hay nada que impida eliminar al individuo con tal de que las verdaderas realidades puedan desarrollarse sin trabas. De este modo, el *gulag* quedaba legitimado.

2. El problema de la sociedad humana

Ahora bien, ¿no está el individuo determinado por la sociedad? ¿No existe la sociedad con independencia de los individuos, de tal manera que, cuando nacen, éstos son "socializados" por una determinada sociedad? Con esto tocamos una cuestión de gran interés. Ya hemos visto que, en el diálogo crítico con Proudhon, Marx se negaba a considerar a la sociedad como una realidad independiente de los individuos, dotada de carácter personal, y de este modo capaz de "pervertirse" antes de que los individuos estuvieran pervertidos. Ciertamente, es difícil pensar que la sociedad pueda ser algo con independencia de los individuos reales y vivos. Pero entonces, ¿es que no existe la sociedad? ¿Solamente existen los individuos?

En el pensamiento de la antigüedad resultaba muy complejo pensar la sociedad. Sin duda, había cosas naturales, como las piedras o los caballos, que los antiguos considerarían como sustancias. Otras realidades artificiales, como los puentes o los barcos, podían considerarse como elaboraciones constituidas a partir de las sustancias naturales. Más difícil era hablar de las estructuras sociales. Ciertamente, era posible hablar del estado diciendo "ciudad" (πόλις), porque los primeros estados se constituyeron en torno a ciudades. Ahora bien, ¿cómo hablar del estado en el caso, por ejemplo, del imperio romano? Los antiguos no tenían una palabra para hablar del "estado", y recurrieron frecuentemente a cosas sustantivas para hablar de él. Así, por ejemplo, fue frecuente referirse al estado romano hablando de "la casa del César". También se recurrió en ocasiones a conceptos tales como los de espíritus y ángeles. No es algo tan sorprendente. Un autor alemán, Thomas Ruster, ha hecho una interesante comparación: ha tomado, por un lado, un viejo tratado de angelología y, por otro lado, la descripción de los sistemas sociales en la sociología de Luhmann. Curiosamente, los ángeles y los sistemas sociales comparten muchas de sus características: su carácter invisible, su poder sobre los individuos, su capacidad de estar en varios lugares, el no ocupar espacio, su asignación sin embargo a ciertos territorios, el hecho de que se puedan "aparecer" en ocasiones en ciertas formas corporales (como cuando el estado aparece en un policía), etc.

Estos paralelismos nos pueden sugerir algo importante, y es el hecho de que los antiguos cayeran en la cuenta de que los procesos sociales son algo que tiene un ser propio, distinto de las realidades naturales. No es extraño que todavía hoy los alemanes hablen de *Geisteswissenschaften* ("ciencias del espíritu") para hablar de las ciencias sociales y de las humanidades. De hecho, es difícil pensar la sociedad como una especie de sustancia. Si se hace esto, los individuos particulares quedan subsumidos en la sustancia como meros accidentes de la misma. Es algo parecido a lo que le sucedió a Spinoza cuando partió de la idea de sustancia como aquello que no necesita de otra cosa para existir: entonces la única sustancia verdadera sería Dios, y todas las demás realidades serían meros accidentes de esa sustancia. Hegel ciertamente habla de lo social como un "espíritu", pero inmediatamente dice que este espíritu es objetivo. De este modo puede considerar la sociedad como una especie de sustancia, de la que los individuos forman parte. Ahora bien, si nos negamos a sustantivar la sociedad, parecería entonces que lo único que existen son los individuos. Pero entonces, ¿cómo explicar el hecho de que seamos socializados, el hecho de que ciertas estructuras (como la lengua) perviven a los individuos? ¿Qué son las estructuras sociales (incluyendo las estructuras del socialismo o las del capitalismo) si solamente hay individuos?

Una solución, seguida hoy por muchos, es la de pensar la sociedad como un sistema de símbolos, valores, normas, etc., a las que los individuos se refieren mediante su conciencia. Los sistemas sociales serían esos sistemas simbólicos que los individuos de una misma sociedad comparten entre sí. Ahora bien, este modo de pensar presenta algunas dificultades. En primer lugar, la sociedad queda reducida a un sistema simbólico, descartando el carácter práctico de la misma. En segundo lugar, este sistema simbólico tiende a ponerse fuera de los individuos, como una especie de realidad objetiva. Pero la "socialización" de quien nace en una determinada sociedad indica precisamente que la sociedad, de alguna manera, pasa a acontecer en los individuos, en lugar de ser algo separado de ellos. En tercer lugar, la experiencia nos muestra que en una misma sociedad pueden coexistir personas que saben comportarse unas en función de otras sin necesidad de que compartan el mismo sistema de símbolos. De hecho, la extensión global de los vínculos globales determina la existencia de acciones sistemáticamente vinculadas entre sí sin necesidad de que quienes las realizan compartan el mismo mundo simbólico. De ahí la necesidad de enfocar de otra manera la realidad social.

3. Las estructuras sociales

Vamos a tratar de pensar sistemáticamente en qué consiste lo social. Un modo de hacerlo sería tratar de pensar qué es lo que sucede cuando somos socializados en una determinada sociedad. Cuando esto sucede, no recibimos simplemente un sistema de valores, situado fuera de nosotros. Tampoco somos vinculados con un gran espíritu, sustancia o sustantividad, que queda fuera de nosotros, y que de alguna manera ejerce un influjo causal sobre nosotros. Al ser socializados, tampoco dejamos de ser individuos para pasar a ser meras notas de una sustantividad superior a nosotros. El mismo Marx decía en los *Manuscritos de economía y filosofía* que "hay que evitar ante todo el hacer de nuevo de la 'sociedad' una abstracción frente al individuo. El individuo *es el ser social*". Ciertamente, cuando somos socializados, recibimos ciertos valores, normas, símbolos. Pero estos símbolos no son algo que se quede fuera de nosotros, sino que pasan a formar parte de nuestra vida individual, vinculándonos a los demás.

Ahora bien, ¿qué es esto que sucede en nosotros? ¿Se trata simplemente de que tenemos ciertas ideas en la cabeza? Como hemos dicho, para que la sociedad pueda funcionar no se necesita que tengamos las mismas ideas que los demás. Lo necesario es que nuestro comportamiento esté coordinado sistemáticamente con el comportamiento de los demás. Ya decía Aristóteles en la *Política* que la sociedad no se constituye por lo idéntico, sino por lo distinto. Un esclavo puede tener ideas en su cabeza muy distintas a las de su amo; pero ambos saben cómo comportarse uno en función de otro. El comportamiento de cada uno es el que se vincula estructuralmente con el comportamiento de los demás. Nuestras ideas, nuestros valores, nuestros símbolos, son precisamente los que estructuran esos comportamientos.

Notemos que no se trata simplemente de la coordinación de acciones. Se trata de una estructuración recíproca de comportamientos, es decir, de actuaciones estructuradas en una forma permanente. Algunos autores, como Zubiri, hablan de una "habitud", es decir, de un "modo de habérselas con las cosas" socialmente determinado. Ciertamente, estas actuaciones o habitudes pueden tener un aspecto visible, en la medida que envuelven movimientos corporales de cualquier tipo. Sin embargo, precisamente aquello que se coordina socialmente, es decir, las actuaciones en cuanto algo fijado, no son algo visible. Aquí nos encontramos de nuevo con la dimensión invisible de nuestros actos. Difícilmente podemos aquí hablar de un sistema de notas actualizadas en nuestros actos constituyendo una *realidad* sustantiva. Lo que tenemos es más bien es algo que ciertamente podemos considerar como una *estructura*, pues tenemos unas actuaciones constituidas socialmente en función de otras. Pero esta estructura no da lugar a una realidad sustantiva, que pueda actualizarse como tal en alguno de nuestros actos. Lo que tenemos más bien es una estructura de actuaciones.

Desde este punto de vista, no podemos decir que la sociedad es una realidad, pero sí que es una estructura. No hay una "realidad social", pero sí estructuras sociales, distintas de una mera suma de los individuos. Podemos decir que la sociedad acontece estructuralmente. Y para designar este acontecer estructural el término más indicado puede ser el de *proceso*. La sociedad es un proceso. No es algo fuera de los individuos, sino algo que acontece en ellos. No es propiamente una realidad, sino una estructura de actuaciones. Su nivel ontológico no es el de las cosas que se actualizan, sino el de las actualizaciones. En este sentido, no tenemos una realidad social, sino un proceso social. Y precisamente esto es lo que sucede cuando nos socializamos: que somos insertados en un sistema de actuaciones, en un proceso social que no acontece al margen de los individuos, sino en ellos.

Desde aquí habría que dar la razón a Marx cuando se opone a considerar la sociedad como una realidad distinta de los individuos. Tampoco se puede decir que haya una esencia humana o un género humano distinto de los individuos. Ni se puede convertir esa esencia humana en una especie de ente abstracto, de alguna manera presente en nosotros, al estilo de las formas aristotélicas. Desde un punto de vista biológico, la estructura de cada uno de nosotros es una estructura individual, por más que en ella haya un momento replicable, que es lo que explica la constitución de cada especie. Y, desde un punto de vista social, lo que hay efectivamente (*Wirklichkeit*) en cada uno de nosotros es la actualización del conjunto del proceso social. En cuanto que nuestra praxis está integrada estructuralmente en un proceso social, el conjunto de las relaciones sociales se actualiza en ella. Éste es el sentido en el que puede resultar comprensible la sexta de las *Tesis sobre Feuerbach* de Marx. Un sentido muy diverso de la sustantivación de la sociedad que encontramos en el materialismo dialéctico.

4. Sobre el poder

Lo que hemos dicho no obsta, por supuesto, para que los procesos sociales, aunque por sí mismos no sean realidades, tengan sin embargo un término real visible. Ya hemos visto que los actos humanos son el surgir de las cosas. Los actos no surgen, porque son el mismo surgir, pero no hay surgir separado de las cosas que surgen. Y esto se aplica también a los actos que integran las actuaciones sociales. Las actuaciones como tales no surgen, pero en ellas acontece el surgir de las cosas. Lo que surge son, por un lado, los símbolos (propiamente "esquemas intencionales") que estructuran internamente las actuaciones. Estos símbolos (por ejemplo, una bandera, o una palabra) son realidades sensibles que cumplen precisamente la función de estructurar nuestras acciones, y precisamente por eso no se agotan en su visibilidad. Los símbolos, como bien mostró Wittgenstein en sus *Investigaciones filosóficas*, adquieren su significado en la medida en que son integrados en un "juego lingüístico", el cual a su vez es parte de una forma de vida o de una praxis.

Por otro lado, las actuaciones sociales no están solamente referidas a símbolos, sino a todas las cosas reales con las que tratan los miembros de una sociedad. De hecho, la estructuración recíproca de los comportamientos tiene la función decisiva de decidir, por ejemplo, quiénes acceden o no a diversas realidades: es justamente la cuestión de la propiedad. La sociedad no es simplemente un proceso simbólico, sino un proceso de estructuración del trato efectivo con las cosas. En ese proceso surgen las instituciones, caracterizadas no sólo por un momento simbólico en el que se determina socialmente su significado, sino también por una referencia constitutiva a ciertas cosas. El mercado, por ejemplo, no es simplemente una cosa, ni tampoco es simplemente un símbolo: más bien se trata de un complejo conjunto de cosas, y de un complejo conjunto de actuaciones simbólicamente estructuradas en referencia al acceso y disposición de esas cosas.

En este contexto es donde ciertas instituciones pueden ser llegar a ser confundidas con cosas reales. Es precisamente lo que Marx, a propósito de las mercancías, llamó "fetichismo". Lo que no es más que una institución, entendida como un entramado de cosas y de comportamientos asociados a ellas, se convierte en una cosa real, dotada de sustantividad, y caracterizada por poseer una realidad que se impone sobre los individuos. En estos casos, una ficción de realidad se presenta como realidad sustantiva, independiente de la praxis humana. Es lo que sucede cuando se sustantiva, no sólo el mercado, sino cualquier otra institución social, o la sociedad en su conjunto. Ahora bien, estas sustantivaciones no suceden al azar, por pura casualidad. Tampoco suceden porque las instituciones surjan en nuestros actos como una realidad "de suyo", dotada de sustantividad. Lo que hace posible la sustantivación de las instituciones es el poder que ellas tienen sobre nosotros.

El poder de una institución social no es el poder de una sustantividad que "de suyo" tiene ciertas notas físicas y que, como tal, se impone a nuestros sentidos. Pero tampoco se trata de un poder ficticio. La institución, como conglomerado de cosas y comportamientos respecto a ellas, tiene el poder de utilizar una sustantivación de la praxis a la que ya hemos aludido anteriormente. Es la sustantivación que remite la praxis a sus resultados. Pues bien, las instituciones se caracterizan precisamente por tener el poder de vincular ciertas actuaciones con sus resultados. Toda institución puede decir a los individuos vivos: si ejecutas tales comportamientos, te irá bien, en el sentido de que tendrás acceso a ciertas cosas o podrás ejecutar tales otros comportamientos que deseas. En cambio, si no te comportas de ese modo, te verás privado de tales cosas y de la posibilidad de tales comportamientos. No estamos entonces ante el poder de las cosas físicas como tales, sino ante el poder que resulta de la estructuración del acceso a las cosas físicas por los procesos de estructuración social de nuestras actuaciones. El poder del mercado, o el poder del estado, son poderes de este tipo.

Y estos poderes están por tanto interesados en suprimir y ocultar lo más original de la praxis humana, que es la diferencia entre los actos y las cosas. En el socialismo, este ocultamiento tenía lugar mediante una ideología materialista burda, que reducía al ser humano a un mecanismo corpóreo, legitimando de este modo toda forma de opresión en nombre de los grandes ideales de la revolución. En el capitalismo, otras ideologías son las que, de modo semejante, tratan de convertir al ser humano en una simple cosa, un simple "recurso humano". Múltiples formas de consumismo hedonista, a veces disfrazado de "ciencia", reducen la esencia del ser humano a su realidad material, al tiempo que proclaman como único sentido de la vida la satisfacción de los propios deseos. El trabajador como "recurso humano" y el consumidor como mero devorador de productos tienen algo en común: ambos han sido objetivados. En todos los casos, el ser humano se convierte en una mera cosa, susceptible de ser utilizada por los poderes sociales, sean los poderes de un estado totalitario o las necesidades del sistema económico capitalista.

V. EL FUTURO DEL CAPITALISMO

Una vez que hemos analizado el socialismo de los siglos XIX y XX, y habiendo tratado algunos de los problemas filosóficos planteados en ese análisis, podemos volvernos al sistema económico capitalista y preguntarnos por su futuro. Para hacer esto, vamos a considerar los rasgos generales del diagnóstico que Marx hizo del capitalismo, para cuestionarnos sobre su posible aplicación a nuestro tiempo. Seguiré en buena medida la exposición hecha en *Reinado de Dios e imperio*.

1. El secreto del capitalismo

Marx entendía que su gran descubrimiento en el campo de la economía consistía en la teoría de la plusvalía. La plusvalía era, para Marx, la clave que explicaba el funcionamiento del capitalismo, y que le permitía hacer predicciones sobre el desarrollo del mismo. Sin embargo, esta plusvalía no es algo que se puede ver a primera vista, sino más bien el resultado de un esfuerzo teórico por preguntarse cuáles son las notas esenciales de un determinado sistema económico.

La teoría de la plusvalía está íntimamente conectada, como vimos, con el humanismo de Marx, pues sitúa el origen de las relaciones económicas objetivadas en la praxis viva de los seres humanos. Sin embargo, esto no obsta para que la teoría de la plusvalía pueda estudiarse en términos meramente económicos, como una teoría sobre el funcionamiento concreto del capitalismo. Ahora nos interesa atender a esa dimensión económica de la plusvalía.

La teoría de la plusvalía se desarrolla a partir de los tres elementos característicos del capitalismo: el mercado, la propiedad privada de los medios de producción y el trabajo asalariado. Otros sistemas económicos pueden poseer una o dos de estas características, pero solamente cuando se juntan las tres se puede hablar propiamente de capitalismo. Como dijimos, un sistema económico en el que hubiera mercado y propiedad privada de los medios de producción, pero la mano de obra no fuera asalariada, sino esclava, no sería un sistema económico capitalista. Frente a la ecuación entre capitalismo y mercado, hay que afirmar que el mercado no es exclusivo del capitalismo, y puede aparecer también en otros sistemas económicos, incluso también en aquellos sistemas económicos que se pueden proponer como alternativa al capitalismo.

En el capitalismo, como en todo sistema económico, hay una parte de lo que se produce que se dedica al consumo y otra que se dedica a la inversión. En el caso concreto del capitalismo, la decisión sobre lo que se consume y lo que se vuelve a invertir se resuelve poniendo en juego las tres características mencionadas. En los distintos mercados, las personas que tienen dinero expresan sus necesidades o sus gustos demandando determinados productos u otros. Del mismo modo, los propietarios de los medios de producción llevan los productos de sus empresas a los mercados, y los ponen a la venta con el objetivo de obtener la máxima ganancia posible. A su vez, los trabajadores ofrecen en el mercado laboral su capacidad de trabajo, que es comprada por los capitalistas que la necesitan para sus empresas.

Pues bien, la teoría de la plusvalía afirma que hay una diferencia entre el valor de la capacidad de trabajo que los trabajadores entregan a los capitalistas y lo que los capitalistas realmente les pagan. Esta diferencia es lo que Marx llamó "plusvalía". Sin esta plusvalía el sistema económico capitalista no podría funcionar.

Para entender el significado concreto de la plusvalía, nos podemos imaginar, siguiendo a Enrique Menéndez Ureña, un modelo económico muy simplificado, compuesto por las tres características propias del capitalismo: mercado, propiedad privada de los medios de producción, y trabajo asalariado. En este modelo sencillo, los miembros de la sociedad pueden ofrecer, en el mercado de trabajo, 5000 horas de trabajo. Supongamos que el precio de cada hora de trabajo es un dólar. Y supongamos también que en esa sociedad las horas de trabajo se aprovechan con eficiencia, de manera que los bienes y servicios que se producen no requieren más que el "tiempo de trabajo socialmente necesario". Esto significa que los bienes y servicios se crean utilizando simplemente el tiempo de trabajo que se necesita de acuerdo al estado de la técnica en un momento dado de la historia.

Hagamos otra suposición: en esta sociedad capitalista tan simplificada, los medios de producción se desgastan a lo largo del año, de tal manera que al final del mismo hay que invertir de nuevo en medios de producción. Supongamos también que todos los salarios se gastan en consumo al cabo del año, por lo que no habría ahorro. Y supongamos también que todo lo que las empresas producen se logra vender en el mercado, de modo que al final del año no quedan mercancías sin vender. Esto significa que todas las 5000 horas de trabajo realizadas por los trabajadores revierten a esa sociedad en forma de bienes y servicios. Si el sistema está en equilibrio, estos bienes y servicios valdrán 5000 dólares, que es el precio de la capacidad de trabajo que se ha empleado en producirlos, dado que el precio de la hora de trabajo era de un dólar.

Lo extraño en nuestro modelo es que no queda claro de dónde salen las ganancias que los capitalistas obtienen a lo largo del año. Si los miembros de la sociedad han entregado 5000 horas de trabajo a las empresas, y si las empresas entregan a los miembros de la sociedad 5000 dólares en forma de bienes y servicios, parece que estamos en un juego de "suma 0", en el que no se habría producido ninguna ganancia. Pero esto no es así. Lo que sucede obviamente es que en el capitalismo, como en cualquier otro sistema económico, no todo lo producido se consume. Una parte de lo producido son medios de producción (bienes de equipo y materias primas) que permiten que la sociedad siga produciendo. Otra parte de lo producido son bienes de consumo, que permiten que los trabajadores sigan viviendo al menos con el nivel de vida suficiente para que al año siguiente haya la suficiente capacidad de trabajo para que el sistema siga funcionando. Supongamos que lo que necesitan los miembros de esta sociedad para reproducir su capacidad de trabajo son 3000 dólares al año, que gastarían en alimentación, ropa, vivienda, descanso y educación. Por supuesto, estos gastos varían en cada sociedad, y están sujetos al influjo de factores sociales y culturales. En nuestro ejemplo, nos quedarían 2000 dólares, que se emplearían invirtiendo en nuevos medios de producción. En definitiva, en nuestra pequeña sociedad, los trabajadores tendrían que dedicar 3000 horas de trabajo a producir bienes de consumo y 2000 horas de trabajo para producir bienes de equipo y materias primas.

En una sociedad capitalista, los trabajadores venden a los capitalistas las 5000 horas que pueden trabajar. Pero los capitalistas solamente les pagan 3000 dólares, que es lo que esa sociedad gasta en consumo de alimentos, ropa, vivienda, descanso, educación, etc. Dicho en otros términos: los capitalistas les pagan a los trabajadores el valor de su fuerza de trabajo, que es precisamente lo que cuesta el que esa fuerza de trabajo se reproduzca para que siga funcionando: 3000 dólares. El resto de las horas de trabajo, que tiene un valor de 2000 dólares, representan las ganancias del capitalista, que tendrá que invertirlas en renovar los medios de producción. Obviamente, nuestro modelo está tan simplificado que en él se prescinde del consumo privado de los capitalistas, que habrá que descontar del conjunto de lo que esa sociedad gasta en consumo.

De todos modos, el modelo nos sirve para mostrarnos de dónde salen las ganancias. Las ganancias de las empresas no provienen de la aportación de maquinaria que hacen los capitalistas, pues en nuestro modelo los 2000 dólares que se invierten en medios de producción (bienes de equipo y materias primas) provienen de las 2000 horas de trabajo que se han empleado en producirlos. Las ganancias provienen de la diferencia que hay entre las horas de trabajo entregadas por los trabajadores a los capitalistas (5000), y las horas de trabajo que esos trabajadores necesitan en esa sociedad para reproducir su fuerza de trabajo (3000). Lo que tenemos entonces es una plusvalía de 2000 horas de trabajo, que es la que posibilita las ganancias capitalistas y las futuras inversiones. Este "pequeño secreto" del capitalismo es lo que explicaría el funcionamiento general del sistema.

2. Las relaciones básicas

Una vez que hemos obtenido el concepto de plusvalía, podemos esbozar algunas de las relaciones básicas en el capitalismo. Vamos a ir haciendo el sistema algo más complejo, contando por ejemplo con el hecho de que una parte de los medios de producción se conservan en el año siguiente. Para ello seguiremos la exposición de autores como Ernest Mandel, Javier Martínez Peinado y José María Vidal Villa.

a) La ley del valor

Lo que esta ley expresa es que el valor se define mediante la suma de tres elementos: el capital constante (*c*), el capital variable (*v*) y la plusvalía (*p*):

$$V = c + v + p$$

Lo que hemos llamado "capital constante" (*c*) designa el valor de los medios de producción, una parte de los cuales se mantiene en el ejercicio siguiente. Los medios de producción incluyen tanto los bienes de equipo ("capital fijo") como las materias primas. Su valor está determinado por el número de horas necesarias para producirlos.

Por su parte, el "capital variable" (*v*) se refiere al número de horas socialmente necesarias para asegurar la reproducción de la fuerza de trabajo. Dicho en otros términos: el capital variable es el valor en el mercado laboral de la fuerza de trabajo que el capitalista compra a los trabajadores.

Siempre es interesante observar que, en el mercado laboral, los trabajadores adelantan al capitalista su fuerza de trabajo, que solamente es pagada al final de un determinado período de tiempo, como puede ser, por ejemplo, un mes.

Finalmente, la plusvalía (*p*) se refiere al excedente de horas de trabajo no pagadas que pasan directamente a disposición de los capitalistas, quienes deciden cómo las invertirán en el futuro. Normalmente, estas horas de trabajo se invertirán en el mantenimiento, reposición o ampliación de la maquinaria, en el progreso técnico, o en el consumo privado del capitalista.

Observemos también que, desde este punto de vista, el capital no es propiamente una cosa ("dinero"), sino más bien una relación social. Es la relación establecida entre el capitalista y los bienes materiales o los servicios personales, y mantenida mediante la extracción de la plusvalía. En términos económicos, el capital es todo valor producido en condiciones de mercado, propiedad privada de los medios de producción, y mano de obra asalariada.

Pues bien, a partir de la definición de estos tres elementos (*c*, *v*, *p*) se pueden hacer algunas definiciones ulteriores que nos servirán para entender mejor el funcionamiento del capitalismo.

b) La tasa de plusvalía

La tasa de plusvalía se refiere a la relación entre el trabajo no pagado (plusvalía) y el trabajo pagado, o capital variable. En la terminología marxista se la denomina a veces "tasa de explotación":

$$p' = \frac{p}{v}$$

No cabe duda que el interés del capitalista es aumentar la tasa de plusvalía. Esto se puede hacer aumentando el tiempo de trabajo al mismo tiempo que se mantienen iguales los salarios (aumento de *p* mientras *v* sigue igual). Por supuesto, los salarios pueden aumentar numéricamente, pero al aumentar el precio de los medios de consumo necesarios para reproducir la mano de obra, los salarios reales se mantienen iguales. En las últimas décadas, los salarios reales no han aumentado, en lo que ha influido también la incorporación de la mujer al mercado laboral, con el consiguiente aumento de la oferta de trabajo y de los trabajadores necesarios para mantener a una familia.

Otra posibilidad para aumentar la tasa de plusvalía es abaratar el coste de la producción de los bienes de consumo que necesita el trabajador: alimentos, gastos de transporte, educación, descanso, salud, etc. (disminución de *v*). También se puede conseguir que la sociedad en su conjunto pague estos gastos, en lugar de hacerlos dependiente de los salarios que pagan los capitalistas.

También es posible aumentar la intensidad del trabajo, mediante el aumento de los ritmos de trabajo, las cadenas de montaje, etc. De este modo, el trabajo es más "productivo", y esto significa en concreto que se necesita menos tiempo para recuperar el valor del capital variable. Dicho en otros términos: al aumentar la intensidad del trabajo disminuye el valor de la fuerza de trabajo.

c) La composición orgánica del capital

Otro concepto que podemos derivar a partir de las definiciones simples que hemos hecho es la llamada "composición orgánica del capital". La composición orgánica del capital designa la relación entre el capital constante y el capital variable, en el marco del total del capital invertido. Se puede decir que la composición orgánica del capital mide la "intensidad del capitalismo" como una relación entre el trabajo que se ha ido convirtiendo en maquinaria (trabajo cristalizado o "trabajo muerto") y el trabajo vivo que actualmente continúa empleado. La composición orgánica del capital puede expresarse entonces de este modo:

$$c' = \frac{c}{v}$$

d) La tasa de ganancia

La tasa de ganancia puede definirse como la relación entre la plusvalía y el capital total invertido. Dicho en otros términos, la tasa de ganancia mide la rentabilidad del capital. Puede expresarse del siguiente modo:

$$g' = \frac{p}{(c+v)}$$

Una vez que hemos obtenido estas definiciones, podemos operar con ellas. A través de unas sencillas operaciones aritméticas, podemos establecer una relación entre la tasa de plusvalía p', la composición orgánica del capital c', y la tasa de ganancia g':

$$g' = \frac{p}{(c+v)} = \frac{(\frac{p}{v})}{((\frac{c}{v}) + (\frac{v}{v}))} = \frac{(p')}{(c'+1)}$$

Esto significa que la tasa de ganancia varía directamente con la tasa de plusvalía e inversamente con la composición orgánica del capital.

Como vamos a ver más adelante, esta observación es muy importante, porque nos permite entender algunas tendencias del sistema capitalista.

3. Valores y precios

Todas las relaciones que hemos estudiado hasta aquí han sido expresadas en valores, es decir, atendiendo a las horas de trabajo necesarias para obtener un determinado producto. Ahora bien, en el mundo real los valores no son visibles: lo que vemos son solamente los precios. Y esto significa la necesidad de ir acercando nuestro modelo, que es muy abstracto y simplificado, hacia las condiciones reales y concretas del capitalismo. Y esto significa entonces que hemos de tomar en cuenta el carácter social de la producción: las empresas no están aisladas, sino que compiten entre sí en un mercado. Por eso, la tasa de ganancia se tiene que convertir en una tasa *media* de ganancia.

a) La tasa media de ganancia

En el capitalismo, las empresas compiten en el mercado. Para mantener la simplicidad del modelo, vamos a imaginarnos un mercado cerrado, que no está afectado por otros mercados, y en el que no hay ninguna intervención estatal. También vamos a suponer que en esa economía simplificada hay solamente tres sectores (**I, II, y III**), y que en esos sectores se emplea el tiempo de trabajo socialmente necesario. Dicho en otros términos: suponemos que las empresas que desperdician capital constante o variable han sido ya expulsadas del mercado.

Vamos a mantener también la simplicidad suponiendo también que el capital variable (v) y la plusvalía (p) son iguales en todos los sectores. Lo única diferencia entre los sectores va a consistir en que se invierten distintas cantidades de capital constante (c). Ello nos permitirá indagar el efecto que la diferencia en capital constante tiene para cada uno de los sectores.

De acuerdo con la ley del valor, $V = c + v + p$. Si esta ley actuara de forma independiente en cada sector, con independencia del mercado, podríamos calcular la tasa de ganancia (g') propia de cada sector, simplemente mediante la aplicación de la fórmula de la tasa de ganancia que hemos obtenido anteriormente:

$$g'=\frac{(\frac{p}{v})}{((\frac{c}{v})+(\frac{v}{v}))}=\frac{(p')}{(c'+1)}$$

Los resultados para cada sector serían los siguientes:

	c	v	p	V	g'
I	100	100	100	300	0,5 = 50 %
II	200	100	100	400	0,33= 33,3 %
III	300	100	100	500	0,25= 25 %

Dicho en otros términos: en cada uno de los sectores tendríamos tasas de ganancia (g') diferentes. Y esto significaría que en el sector con una composición orgánica del capital más baja (sector I) sería el que tendría una tasa de ganancia más alta.

Ahora bien, esto es precisamente lo que no sucede en el capitalismo, porque se trata de una economía de mercado. Y cuando funciona el mercado, las inversiones se dirigen hacia los sectores en los que hay una mayor tasa de ganancia (en este ejemplo, hacia I). Esto implica entonces que aumenta la oferta de los bienes que se producen en ese sector. Es lo que sucede, por ejemplo, cuando las inversiones se dirigen hacia sectores o regiones en los que la composición orgánica del capital es más baja. Ahora bien, si el mercado funciona correctamente, al aumentar la oferta de estos bienes, disminuyen sus precios en el mercado, y con ello disminuyen las ganancias.

Inversamente, las inversiones abandonan los sectores con una menor tasa de ganancia (en nuestro ejemplo, el sector III). Y esto significa que se producen menos bienes en ese sector, y por lo tanto disminuye la oferta. Pero esto implica que estos bienes son ahora más escasos, y su precio aumenta. Por eso, quienes se han mantenido en ese sector pueden ver aumentar sus ganancias.

Lo que esto significa es que, si el mercado fuera perfecto, las inversiones, después de oscilar entre unos sectores y otros, buscando las mayores ganancias, conseguirían que la tasa de ganancia se fuera igualando entre los diversos sectores. Y esto implica entonces que ya no tenemos una tasa de ganancia propia de cada sector, sino de una tasa *media* de ganancia. Esta tasa media de ganancia se obtiene a partir de la fórmula de la tasa de ganancia, sumando (Σ) el total de las plusvalías de cada sector, y dividiéndola por la suma (Σ)de los capitales constantes y variables de cada sector. La tasa *media* de ganancia se puede representar entonces mediante la letra mayúscula G':

$$G' = \frac{\sum p}{\sum (c+v)}$$

Con las cantidades concretas que hemos puesto en nuestro ejemplo, la tasa media de ganancia sería la siguiente:

$$G' = \frac{300}{(600+300)} = 33,3\%$$

En definitiva, la tasa *media* de ganancia en el modelo de sociedad que hemos propuesto es del 33,3%. Ya sea que invirtamos en un sector o en otro, tenderíamos a obtener en todos los sectores la misma ganancia. Esto es lo que explica que el préstamo de dinero se haga con unos tipos de interés semejantes para todos los sectores que participan en el mercado, pues las ganancias que se esperan obtener finalmente son las mismas.

Una vez que sabemos cuál es la tasa media de ganancia para los tres sectores de la sociedad, podemos preguntarnos cuánto es concretamente lo que se ha ganado en cada sector. Podemos hablar entonces de una *masa de ganancia* (g) propia de cada sector. Ese masa de ganancia es lo que se obtiene multiplicando lo que se ha invertido en cada sector por la tasa media de ganancia propia de toda la sociedad:

$$g = G'(c+v)$$

Lo que esto significa es que, obviamente, no se gana lo mismo en cada sector, sino que al final se ha ganado más en los sectores en los que se invirtió más, y que eran precisamente aquellos sectores en los cuales el capital constante (*c*) era mayor, pues ésta era la única diferencia que habíamos introducido en los distintos sectores.

b) El precio de producción

Ahora podemos seguir aproximándonos más hacia los precios. En primer lugar, podemos calcular el precio de producción, que es el precio del producto al salir de la fábrica, antes de llegar al mercado. El precio de producción (también llamado "precio de coste") incluye los capitales invertidos (*c* + *v*) más la ganancia (*g*) que se espera obtener. Esto se puede expresar de la siguiente manera:

$$Pp = c + v + G'(c + v)$$

Si seguimos presuponiendo que en nuestro modelo simplificado la hora de trabajo vale un dólar, nos encontramos entonces con el siguiente cuadro de transformación de los valores en precios:

	c	v	p	V	G'	g	Pp
I	100	100	100	300	33,30%	66,6	266,6
II	200	100	100	400	33,30%	99,9	399,9
III	300	100	100	500	33,30%	133,3	533,3
Total:	600	300	300	1200	33,30%	300	1200

Observemos que en algunos sectores (el sector I del ejemplo), la plusvalía (*p*) supera a la masa de ganancias (*g*) efectivamente obtenidas. En cambio, en otros sectores (el sector III), la plusvalía es inferior a la masa de ganancias obtenidas. Ahora bien, en los totales se puede decir que la suma (Σ) de toda la plusvalía es igual a la suma (Σ) de toda la masa de ganancia:

$$\sum g = \sum p$$

Igualmente, también podemos ver la suma de todos los valores V es igual a la suma de todos los precios de producción:

$$\sum V = \sum Pp$$

Lo que esto significa es que, en el conjunto de la sociedad, no hay más ganancia que la que proviene de la plusvalía.

Ahora bien, en algunos sectores la plusvalía extraída de los trabajadores es superior a la ganancia que efectivamente se obtiene, mientras en otros sectores la ganancia es superior a la plusvalía extraída en ese sector. Y esto se explica diciendo que hay una "transferencia de plusvalía" desde unos sectores a otros. Y vemos algo muy importante: los sectores que reciben plusvalía de otros sectores son los que tienen una composición orgánica del capital más alta (por ser más alto el capital constante *c*), mientras que los sectores que pierden plusvalía son aquellos es en los que la composición orgánica del capital es más baja.

De todos modos, para el conjunto de la sociedad se puede ver en nuestro ejemplo que sigue siendo correcta la ley del valor:

$$V = c + v + p$$

$$1200 = 600 + 300 + 300$$

c) *El precio del mercado*

Al final, los productos son llevados al mercado, y allí experimentan las oscilaciones de precio de acuerdo a la oferta y a la demanda. Aunque ya habíamos tenido en cuenta estas oscilaciones para calcular la tasa media de ganancia, el mercado sigue funcionando y puede producir oscilaciones imprevistas. Si el precio del mercado es superior al precio de producción, entonces el capitalista no sólo obtiene las ganancias correspondientes a su inversión de acuerdo a los cálculos hechos en función de la tasa media de ganancia, sino también un beneficio extra. Pero el precio del mercado también puede ser igual o inferior al precio de producción. Es importante darse cuenta de que esto último no significa necesariamente pérdidas. La diferencia entre el precio de mercado y el precio de producción puede ser inferior a la masa de ganancias correspondientes a su inversión:

$$(Pp - Pm) < G'(c + v)$$

En este caso, las ganancias siguen siendo superiores a cero (g > 0). En realidad, solamente hay verdaderas pérdidas cuando la diferencia entre el precio de producción y el precio de mercado es superior a la masa de ganancias:

$$(Pp - Pm) > G'(c + v)$$

4. Algunas tendencias fundamentales

Las relaciones que hemos considerado en los apartados anteriores nos posibilitan entender algunas tendencias básicas del sistema económico capitalista.

a) El continuo progreso técnico

Como dijimos, en toda economía de mercado, sea o no capitalista, hay un tiempo de trabajo socialmente necesario para producir cualquier mercancía. Imaginemos que en una sociedad pre-capitalista, se necesita una media de 2 horas de trabajo eficiente para producir una silla. Si un determinado gremio emplea 4 horas para producir esa silla, sufrirá en el mercado, porque el precio que obtendrá al vender su silla equivaldrá al trabajo de dos horas, y no de cuatro. A la larga, este gremio será desplazado del mercado por otros gremios más eficientes. En cambio, si un gremio desarrolla una nueva técnica que le permite fabricar sillas en una sola hora, se verá favorecido, porque cada hora de trabajo obtendrá en el mercado lo equivalente a dos horas de trabajo, al menos hasta que los demás gremios imiten su nueva técnica. Y esto significa que toda sociedad de mercado, aunque no sea capitalista, siempre está incentivada para introducir nuevas técnicas.

Ahora bien, en el capitalismo no sólo se mantiene esta tendencia propia de toda economía de mercado, sino que en cierto modo se exacerba. De entrada, el capitalista aumenta sus ganancias en la medida en que aumenta la plusvalía. Y este aumento de la plusvalía se puede conseguir, por ejemplo, aumentando el ritmo de la producción, introduciendo y mejorando las cadenas de montaje, etc. Esto significa que con el mismo capital variable se conseguirá un resultado equivalente a más horas de trabajo, y de este modo aumenta la plusvalía. Además, ya hemos visto que las empresas con una composición orgánica del capital más elevada alcanzaban una masa superior de plusvalía, absorbiéndola de otros sectores con una composición orgánica del capital más baja. Esto es algo que no sucede en las economías de mercado no capitalistas, en las que no funciona la plusvalía. Y precisamente esta transferencia de plusvalía hacia los sectores con una composición orgánica del capital más alta es lo que le imprime al capitalismo una dinámica excepcional de desarrollo técnico, aumentando la composición orgánica del capital. Los capitalistas individuales, si no quieren perder plusvalía en beneficio de otros sectores, viéndose finalmente expulsados del mercado, tienen que mejorar constantemente los medios de producción. De ahí los grandes logros técnicos del capitalismo.

b) La ley de la sobrepoblación relativa

Desde el punto de vista de los capitales que se invierten, la presión hacia una mejora constante de los medios de producción conlleva que en el sistema capitalista haya una tendencia a que el capital constante (c) crezca más rápidamente que el capital variable (v). Como vimos, la composición orgánica del capital se define como c' = c/v, y esto significa que en el capitalismo hay una tendencia hacia el aumento de la composición orgánica del capital.

Desde el punto de vista del empleo, esto significa una tendencia constante a sustituir el trabajo "vivo" de los trabajadores por el trabajo "muerto" o trabajo cristalizado en máquinas. Cada vez hay más medios de producción, pero cada vez se necesitan menos trabajadores para manejarlos. Y esto significa que el crecimiento capitalista produce de una manera constante, de forma proporcional a su extensión, un exceso de población respecto a las necesidades medias del mercado de trabajo. Dicho en otros términos: la acumulación de capital amplía el "ejército industrial de reserva" compuesto por trabajadores sin empleo. Estos trabajadores desempleados cumplen además una función añadida, que es la de impulsar los salarios a la baja, por el exceso de oferta de mano de obra. La amenaza constante del desempleo mantiene a la mano de obra disciplinada. En algunos casos, cuando el ejército de desempleados es tan grande que ni siquiera son significativos para cumplir estas funciones, la posibilidad de trabajar para producir plusvalía puede llegar a considerarse como un verdadero privilegio. En cualquier caso, el desempleo es una característica estructural del sistema capitalista, y por eso se produce incluso en períodos en los que no hay crecimiento demográfico.

A diferencia de otros sistemas económicos, en los que la sobrepoblación es absoluta, porque se define frente a unos recursos que son limitados (con las consiguientes migraciones y hambrunas), en el sistema capitalista la sobrepoblación es relativa al aumento constante de los medios de producción. Por supuesto, esto no significa que el capital variable no aumente, sino simplemente que el aumento del capital constante es mayor. Sin duda, el aumento de los medios de producción no tendría que causar desempleo por sí mismo. Las personas simplemente podrían trabajar menos tiempo. Pero esto por lo general no es pensable en un sistema capitalista, y solamente sucede como resultado de presiones extrínsecas de los sindicatos o de los gobiernos. Y es que la reducción del tiempo de trabajo con el fin de combatir el desempleo supone un aumento del capital variable y una reducción de la composición orgánica del capital, con la consiguiente pérdida de plusvalía en favor de otros sectores, en los que se obtendrían mayores ganancias. Esto es algo que obviamente ningún capitalista haría por propia iniciativa.

c) La concentración del capital

En un sistema de mercado, las empresas pueden ser desplazadas del mercado por otras. Las empresas con una composición orgánica del capital más elevada logran absorber la plusvalía de las empresas con una composición orgánica inferior. Las técnicas innovadoras de las empresas más avanzadas afrontarán mejor las necesidades de la reproducción ampliada del capital, y también estarán más preparadas para superar las crisis. Como veremos, la crisis económicas son una característica permanente del sistema capitalismo. En estas crisis, las empresas con una composición orgánica del capital más alta tienen más posibilidades de salir airosas, de modo que la innovación tecnológica (unida eventualmente a la reducción del capital variable) favorecen la posibilidad de ir conquistando cada vez mayores espacios en el mercado. Todo ello conlleva inevitablemente una creciente concentración y centralización del capital.

El aumento de la composición orgánica de capital provoca una concentración del capital. El capital necesario para resistir las crisis y relanzar la acumulación es cada vez mayor. Y esto implica un aumento constante del tamaño medio de las empresas, un aumento de la productividad, y un desarrollo tecnológico imparable. Las empresas más pequeñas van siendo expulsadas del mercado. Muchos antiguos capitalistas se retiran, tratando de descubrir nuevos campos de inversión. Algunos se convierten, como gerentes o técnicos, en asalariados de empresas mayores, integrándose en la creciente clase media de empleados cualificados, los cuales con frecuencia gestionan empresas cada vez mayores. La concentración de los capitales puede ir unida a una concentración espacial de los mismos, tal como sucedió históricamente en el caso de la siderurgia, los astilleros, el cemento, la electricidad, los ferrocarriles, los automóviles, la alimentación, los grandes centros comerciales, etc.

Sin embargo, esta concentración espacial no siempre se produce. En nuestro tiempo, una empresa multinacional puede tener dislocados ("deslocalizados") los diversos momentos de un único proceso productivo, que se reparte por varios lugares del mundo. Por ejemplo, las materias primas para el pelo y el plástico de la muñeca Barbie se producen en Taiwan y Japón; el ensamblaje se hace en Indonesia, Malasia y China. Los moldes y las pinturas provienen de Estados Unidos. El tejido de algodón para los vestidos se produce en China. La administración, el mercadeo y la distribución se hacen desde Estados Unidos, donde se queda el 80% del valor. De este modo, la deslocalización espacial no impide que exista una verdadera concentración internacional de los capitales en función de un solo proceso de producción.

La concentración va unida a una centralización, en el sentido de que cada vez son menos las personas que controlan las masas crecientes de capital. Las formas principales de esta centralización son las sociedades anónimas, el sistema bancario y el sistema financiero. Las sociedades anónimas permiten que el control efectivo sobre los capitales sea ejercido por un consejo de administración más o menos reducido, mientras que la mayor parte de los accionistas se convierten en rentistas que no deciden sobre el destino de su capital ni sobre la utilización de los beneficios. Aparece así la llamada "tecnocracia". De manera semejante, quienes ponen sus capitales en la banca pierden el control de los mismos, que pasan a ser prestados a un interés mayor que el que reciben los depositantes. Tanto la especulación en bolsa con informaciones privilegiadas como la posibilidad indefinida de expandir el crédito bancario contribuyen a que aparezca una oligarquía financiera, que no es más que la expresión de la creciente centralización del capital. No obstante, el funcionamiento interno de algunas empresas multinacionales se descentraliza también, dando lugar a estructuras de red, tal como ha puesto de relieve Miquel Castells. El aumento de la velocidad de circulación del capital, debida al desarrollo de las telecomunicaciones, unida a la formación de redes de empresas, permite hablar en este sentido de una especie de "centralización descentralizada". Sin embargo, las multinacionales siguen siendo los grandes nodos de poder económico, en los que se acumula la riqueza y la técnica. Las grandes redes mundiales de pequeñas y medianas empresas se forman en torno a ellas.

La concentración y centralización de los capitales dan lugar a un capitalismo monopolista, en el que frecuentemente dejan de operar las reglas de la libre competencia, más propias de estadios más tempranos del capitalismo. Los precios pasan a ser determinados por las empresas con una independencia relativa de la demanda. Y la competencia restante no se basa ya en los precios y en las calidades de productos homogéneos, sino más bien en la publicidad, el diseño y la tecnología de productos que son heterogéneos.

En cualquier caso, el capitalismo va unido intrínsecamente a un aumento de las diferencias sociales. Esto no significa que haya necesariamente un empobrecimiento *absoluto* de amplios sectores de la población, por más que esto suceda con mucha frecuencia. En algunos casos, el nivel de vida de una parte significativa de la población puede aumentar. Sin embargo, en el capitalismo hay siempre un empobrecimiento *relativo* al aumento del poder y de la riqueza que experimentan unos pocos, hasta el punto que sin este aumento de las desigualdades no se puede esperar una mejora de las condiciones de vida del conjunto de la población. La desigualdad no es un accidente en el capitalismo, sino una característica esencial del mismo. Por eso la desigualdad, en un contexto capitalista, no puede evitarse con políticas o discursos bienintencionados, sino que requiere transformaciones que afecten a los elementos esenciales del sistema.

d) La expansión del capital

El capitalismo está caracterizado por una presión constante hacia el aumento de la composición orgánica del capital. Precisamente por ello, la economía capitalista es necesariamente una economía en crecimiento constante. El capital que no se reproduce ni se amplía, aumentando la composición orgánica del capital, está condenado a ser expulsado del mercado. Este crecimiento no tiene límites ecológicos: en el dinamismo del sistema capitalista no hay ningún elemento que imponga la consideración del medio ambiente. Ese tipo de consideraciones tiene que venir de alguna iniciativa ciudadana externa a la lógica económica del sistema. Tampoco conoce límites culturales: prácticamente todas las actividades humanas son susceptibles de convertirse en ámbito en el que se extrae plusvalía. Por eso van siendo mercantilizados progresivamente ámbitos antiguamente respetados por las culturas tradicionales, como la cocina, el cuidado de los enfermos, de los niños y de los ancianos, la búsqueda de pareja, etc.

El crecimiento del capital tampoco está sometido a límites geográficos. Aunque el sistema capitalista da origen y utiliza los estados nacionales, el desarrollo del sistema capitalista transciende por su misma lógica interna todas las fronteras geográficas. Esto sucede por motivos diversos:

1. Por un lado, el aumento de la productividad conduce a un aumento de la producción que necesita nuevos ámbitos geográficos para colocar las mercancías. La ampliación de los mercados más allá de las fronteras permite la absorción de plusvalía en territorios con menor

productividad. De esta manera, los exportadores acaban conquistando los mercados invadidos. Entre las mercancías que se exportan estaba inicialmente la misma fuerza de trabajo, pues la sobrepoblación relativa en el centro conducía a migraciones económicas de la mano de obra. En la primera época colonial, a estos motivos se añadieron la búsqueda de materias primas y el simple pillaje.

2. Como hemos visto, la búsqueda de una tasa de ganancia más alta puede conducir a los capitales hacia sectores con una composición orgánica del capital más baja. Igualmente, las inversiones buscan sectores con una tasa de plusvalía más alta. Esto se logra mediante el comercio o la inversión de capitales en nuevos ámbitos geográficos. La metrópoli invierte en capital constante y variable en la colonia (o semicolonia), la cual entrega capital constante, bienes de consumo y plusvalía a la metrópoli. De esta manera, la plusvalía que se produce en las colonias se convierte en dinero en las metrópolis. En la era del imperialismo (1870-1945), a la exportación de mercancías y a la búsqueda de materias primas se añadió la exportación de capital-dinero para ser invertido en las colonias. Allí aparecieron el monocultivo y la monoproducción.

3. A la mundialización del capital-mercancía y del capital-dinero se añade la expansión exterior del propio proceso productivo, ya sea repitiendo el mismo proceso en distintos países, ya sea dislocando un único proceso productivo en varios lugares del planeta. Así se reducen los costos de producción, y se unifican todos los mercados. Es la era de las multinacionales, las cuales presuponen los dos procesos anteriores: la inversión extranjera y la formación de un mercado mundial. Los estados nacionales, que fueron esenciales para liderar el colonialismo y el imperialismo, van perdiendo capacidad de maniobra. Y se tiende a formar una tasa media de ganancia mundial. Las leyes básicas del capitalismo pasan a ser aplicadas mundialmente. El imperialismo, centrado en los estados nacionales, da paso a un simple imperio mundial, que no se identifica ya con ningún estado nacional, por más que uno de ellos (EEUU) haya mantenido hasta ahora una posición privilegiada al servicio de un sistema económico que es global.

5. Las crisis capitalistas

El sistema capitalista sufre crisis periódicas. Estas crisis periódicas pueden ser de distintos tipos. Algunas tienen que ver con ajustes de la oferta y la demanda. Cuando en un mercado hay más oferta que demanda, se producen crisis de sobreproducción: los empresarios no pueden vender sus mercancías, y pueden incluso llegar a experimentar pérdidas. También puede suceder lo contrario: cuando la demanda es superior a la oferta se producen situaciones de escasez.

De hecho, el sistema capitalista nunca está en equilibrio perfecto, sino que se encuentra siempre envuelto en movimientos cíclicos, en los que la oferta y la demanda tratan de ajustarse entre sí. Se puede hablar de ciclos cortos, de uno a cuatro años, y de ciclos medios de más duración. Démonos cuenta de que en un sistema de mercado las decisiones de inversión se producen anárquicamente, según las decisiones de cada empresa, y esto no garantiza nunca que la oferta se ajuste a la demanda. En el capitalismo, las crisis más graves no son las debidas a la escasez, pues pronto aparecen empresas deseosas de satisfacer una demanda que es superior a la oferta. Las crisis más graves son las debidas a la sobreproducción o al subconsumo. Las empresas pueden haber producido más que lo que el mercado puede absorber. O también los salarios reales pueden haber descendido de manera tal que no hay suficiente demanda de los bienes que las propias empresas producen. En estas crisis de sobreproducción o de subconsumo algunas empresas pueden sufrir pérdidas tales que les conduzcan al cierre. Esto significa más desempleados y menos demanda.

A principios del siglo XX los ciclos medios duraban entre 7 y 10 años, pero la velocidad de circulación del capital va haciendo que estos ciclos se reduzcan hasta unos 4 ó 5 años, e incluso menos tiempo. En un ciclo de este tipo nos encontramos con un momento de auge, en el que el crédito se expande para satisfacer las demandas de inversión. Sin embargo, llega un momento en el que se va haciendo más difícil vender las mercancías a un precio que produzca ganancias. Viene entonces un momento de crisis, en el que se inutiliza una parte del capital constante y se reduce el capital variable. Las empresas se cierran, y aumenta el desempleo. En este momento de depresión, pueden aparecer conflictos bélicos muy convenientes para absorber el desempleo y para aumentar la demanda de bienes, pues los estados se ven obligados a hacer pedidos enormes a las empresas. En cualquier caso, durante los momentos de crisis se eliminan trabas a la tasa de ganancia, y van tomando posiciones nuevos capitales emergentes. Esto favorece una recuperación, pues mejoran las condiciones para la inversión, se ponen en marcha nuevas fuerzas productivas, y hay así un nuevo momento de auge. Por supuesto, durante la crisis salen triunfantes aquellas empresas que usaron un tiempo de trabajo menor al tiempo socialmente necesario. Otras empresas han quedado obsoletas, y de este modo los capitales se han concentrado.

Los ciclos cortos suelen ser más coyunturales, y resultan de los mismos problemas de ajuste entre oferta y la demanda. Más importantes para entender el sistema son las llamadas "ondas largas del desarrollo capitalista". Para entenderlas correctamente tenemos que tener en cuenta la tendencia decreciente de la tasa media de ganancia.

a) La tendencia decreciente de la tasa media de ganancia

Como hemos visto anteriormente, la tasa media de ganancia (g') se puede expresar como una relación entre la tasa de plusvalía (p') y la composición orgánica del capital (c'):

$$g' = \frac{(p')}{(c'+1)}$$

Esta relación se puede trasladar al conjunto de la sociedad. Se puede hablar de una tasa de plusvalía global (P'), entendida como la relación entre la suma global de la plusvalía de una sociedad (P) y el valor global de la mano de obra o capital variable global (V):

$$P' = \frac{P}{V}$$

Del mismo modo, la composición orgánica del capital global (C') estaría dada por la relación entre el capital total invertido en los medios de producción (C) y el valor global de la mano de obra (V):

$$C'=\frac{C}{V}$$

De este modo, podemos decir que la tasa media de ganancia para el conjunto de esa sociedad (G') está en función de la tasa de plusvalía global (P') y la composición orgánica del capital global en esa sociedad, lo que podemos expresar de este modo:

$$G'=\frac{(P')}{(C'+1)}$$

En un sistema capitalista, los propietarios de los medios de producción tienen que perseguir el aumento de las ganancias para invertirlas en la producción y no verse expulsados del mercado. Y esto conlleva, como vimos, un aumento continuo del capital constante y por tanto también un aumento de la composición orgánica del capital. Ya vimos que los sectores con una composición orgánica mayor conseguían ganancias superiores "absorbiendo" las plusvalías de otros sectores. Por eso hay una tendencia constante en el capitalismo a que aumente la composición orgánica del capital. Ahora bien, según la última fórmula que hemos mostrado, el aumento general de la composición orgánica del capital (C') implica una tendencia a que disminuya globalmente la tasa media de ganancia (G').

No cabe duda de que no todas las inversiones que se hacen en las empresas tienen como resultado inmediato el aumento de la composición orgánica del capital. Se puede invertir en los medios de producción de manera tal que aumente la productividad y la intensidad del trabajo. En este caso, el aumento de la composición orgánica del capital se vería compensado por un aumento de la tasa de plusvalía, con lo que la tasa media de ganancia no tendería necesariamente a disminuir. Sin embargo, también hay que observar que el aumento de la tasa de plusvalía tiene ciertos límites. En la composición orgánica del capital, la proporción de capital constante respecto al variable puede aumentar indefinidamente. Sin embargo, en la tasa de plusvalía, el capital variable no puede reducirse en la misma proporción porque, si no hubiera obreros, tampoco habría plusvalía. Sin capital variable no se podrían vender los productos (no habría salarios), y el sistema no funcionaría. Además, el aumento de la tasa de plusvalía puede chocar con límites históricos, como la lucha sindical, que en cambio no afectan al aumento de la composición orgánica del capital.

Es importante observar que estamos solamente ante una tendencia del sistema, y no ante una ley inexorable. De hecho, hay diversos modos en los que el capitalismo contrarresta esta tendencia. Se trata, obviamente, de distintos modos de aumentar la tasa global de plusvalía (P') o de disminuir la composición orgánica del capital global (C'). Veamos esto más detenidamente.

El aumento de la tasa media de plusvalía (P') se puede alcanzar, como hemos dicho, mediante un aumento de la productividad del trabajo, que permite recuperar más rápidamente el valor de la fuerza de trabajo. Sin duda, lo que importa aquí es que se puedan lograr aumentos de la plusvalía que no exijan un aumento semejante del capital variable o aumentos de la productividad que no exijan un aumento semejante de la composición orgánica del capital. También se puede aumentar la tasa media de plusvalía mediante un aumento de la jornada laboral, de manera que los salarios reales se mantienen o se reducen. Es lo que se logra mediante horas extras, varios empleos en una misma persona o familia, etc. Los salarios reales también se pueden mantener más bajos si se logra una concentración monopolística de la demanda de trabajo, recurriendo por ejemplo a empresas de empleo. Otro modo de lograr esto es incorporar nuevos segmentos de la población al trabajo (mujeres, ancianos), con lo que aumenta la oferta de la mano de obra y baja su valor real. También se puede aumentar la tasa media de plusvalía si se reduce en valor del capital variable, recurriendo por ejemplo a un abaratamiento del valor de los productos que se necesitan para reproducir la fuerza de trabajo (alimento, vestido, transporte, ocio, etc.). Lo mismo se obtiene si se recurre a mano de obra inmigrante, usualmente más barata. También se puede lograr el aumento de la tasa de plusvalía mediante una ampliación del comercio con sectores o países con una tasa de plusvalía más alta, o mediante la inversión directa en esos países. Por otra parte, el aumento de la velocidad de rotación del capital (transportes, comunicaciones, servicios) posibilita que en menos tiempo se obtenga más plusvalía, con lo que aumenta la tasa media de plusvalía.

La disminución de la composición orgánica del capital (C') se puede obtener mediante innovaciones técnicas que permitan reducir el valor del capital constante. Para ello se requiere obviamente que el aumento del número de nuevas máquinas, más baratas, no suponga un valor superior a su abaratamiento. Las guerras, por su parte, no sólo cumplen las funciones ya mencionadas (absorción de desempleo y aumento de la demanda de bienes para la guerra), sino que también proporcionan destrucciones masivas de capital constante, disminuyendo así la composición orgánica del capital. La misma reducción de la composición orgánica del capital se consigue cuando se invierte en sectores o países donde la composición orgánica del capital es más baja, o cuando se aumenta el comercio con esos sectores o países. De este modo se van destruyendo los medios de producción autónomos y se va homogeneizando globalmente la tasa media de ganancia. En general, el comercio con países con una composición orgánica del capital más baja desvaloriza el capital anticuado de esos lugares, y produce una creciente concentración y centralización mundial del capital.

En el capitalismo hay también un modo muy común de mantener la tasa media de ganancia, que es la intervención del estado. Los teóricos liberales del capitalismo suelen rechazar toda intervención del estado cuando ésta puede poner en peligro sus ganancias. Sin embargo, hay otras intervenciones que no son tan criticadas: con frecuencia el estado interviene nacionalizando, o protegiendo mediante aranceles o préstamos, a los sectores en crisis. De este modo, la tasa media de ganancia de los demás sectores queda a salvo, y la sociedad en su conjunto carga con los costos de la crisis. También hay otras intervenciones del estado que se fomentan, por ejemplo, la investigación. De este modo se trasladan al conjunto de la sociedad los gastos de investigación necesarios para producir nuevo capital constante. En nuestro tiempo, es muy frecuente que las grandes innovaciones técnicas comiencen con grandes inversiones públicas, aunque sea mediante subvenciones a laboratorios o centros de investigación privados. En algunos casos, como Internet, estas intervenciones tienen un origen claramente militar. Posteriormente, cuando las investigaciones logran resultados relevantes, sus resultados se privatizan, y las ganancias acaban bajo el control de los monopolios.

Es importante señalar que estas tendencias contrarias a la caída de la tasa media de ganancia no son dinamismos espontáneos en el sistema capitalista, sino que con frecuencia requieren la intervención de numerosos factores extrínsecos, de tipo social o político. Se trata, en concreto, de la expansión colonial o imperial, la limitación del poder de los sindicatos, la inversión en investigación y el éxito de la misma, las intervenciones del estado, etc. De todos modos, tanto la tendencia a la caída de la tasa media de ganancia como las contra-tendencias que se le oponen nos permiten entender mejor lo que hemos llamado "ondas largas del desarrollo capitalista". Veámoslo ahora.

b) Las ondas largas

Las ondas largas reflejan los movimientos expansivos o depresivos de la tasa media de ganancia. En la historia económica del capitalismo se puede constatar la existencia de estos ciclos, aunque no siempre se detectan sus causas. Estas ondas largas son ciclos de duración irregular, porque la recuperación de la tasa media de ganancia, como hemos visto, responde a factores sociales y políticos que pueden variar. Empíricamente hay varias indicaciones de la existencia de estas ondas largas, como son las tasas de crecimiento, los indicadores de la rentabilidad de las empresas o los movimientos de los tipos de interés. En este último campo es donde los historiadores disponen de más estadísticas para períodos históricos amplios. Obviamente, los movimientos de los tipos de interés no reflejan mecánicamente los movimientos de la tasa media de ganancia, pero pueden servir como indicadores de la misma. En los momentos en los que la tasa de ganancia es superior, la demanda de dinero por parte de las empresas aumenta, con lo que suben los tipos de interés. Inversamente, la depresión de la tasa media de ganancia se expresaría en una reducción de los tipos.

De esta manera, se puede afirmar que la tasa media de ganancia descendió entre 1826 y 1847, entre 1873 y 1895, entre 1919 y 1940, y a partir de 1968. En cambio, entre 1848 y 1873, entre 1895 y 1913, y entre 1945 y 1968, hubo movimientos expansivos del capitalismo. Según Ernest Mandel, las ondas largas de signo expansivo serían aquellos períodos en los que los factores que operan contra tendencia a la caída de la tasa media de ganancia operan con fuerza y de forma sincronizada. Las ondas largas de tipo depresivo serían períodos en los que los factores que operan contra la caída de la tasa de ganancia son más escasos, más débiles y están menos sincronizados.

Veamos lo que sucede en una onda expansiva. Después de un período de depresión, ha habido muchos capitales que no se han invertido, de modo que hay abundancia de dinero disponible. La crisis ha estimulado la investigación, y hay nuevas técnicas disponibles que ahorran trabajo. Durante el período de crisis, los sindicatos y los partidos de izquierda han perdido influencia, con lo que es posible alterar el mercado de trabajo, e introducir las nuevas técnicas. Otros factores como la reducción de los salarios reales, la desaceleración en la fase anterior del crecimiento de la composición orgánica del capital, la aceleración de la velocidad de circulación del capital mediante nuevas técnicas, o la ampliación de los mercados a nuevos países se pueden coordinar para favorecer la recuperación de la tasa media de ganancia. Surge una potencia capitalista hegemónica en el mercado mundial que posibilita una relativa estabilidad monetaria. Se comienzan a producir nuevas inversiones que posibilitan una revolución técnica. El crecimiento económico favorece las migraciones internacionales, con lo que aumenta en las regiones de mayor crecimiento el "ejército industrial de reserva", posibilitando así que los salarios no aumenten sensiblemente.

Al final de la fase expansiva, el crecimiento económico ha conducido a un aumento de la composición orgánica del capital, con lo que la tasa media de ganancia va dejando de crecer. La demanda de materias primas ha causado su encarecimiento, lo que también reduce la tasa media de ganancia. El aumento del empleo ha favorecido la organización de los trabajadores, y la adopción de distintas medidas que frenan el crecimiento de la tasa de plusvalía. La tasa media de ganancia comienza a descender. El crecimiento económico ha provocado una explosión de los créditos, con lo que la estabilidad monetaria comienza a quebrantarse. La competencia internacional se incrementa, reduciendo la tasa media de ganancia en todos las regiones antes beneficiadas. La potencia hegemónica comienza a perder relevancia global. Las rentas producidas en la inversión técnica se van reduciendo. Caen las tasas de inversión, al tiempo que no se producen innovaciones técnicas significativas. La caída de la tasa media de ganancia se va expresando cada vez más en conflictos sociales y políticos.

Desde el punto de vista histórico, podemos recordar lo que sucedió concretamente en los distintos períodos en los que hubo una recuperación de la tasa media de ganancia. En el año 1848 las revoluciones europeas y el descubrimiento del oro en California posibilitaron un ensanchamiento rápido del mercado capitalista mundial, al que se incorporaron grandes zonas de Europa central y oriental, de Oriente Próximo y del Océano Pacífico. Este crecimiento de los mercados favoreció una revolución técnica, consistente en la introducción general del motor de vapor. Esto hizo posible que se comenzaran a producir máquinas mediante máquinas, lo que redujo significativamente el valor del capital constante. Del mismo modo, las innovaciones técnicas posibilitaron el aumento de la productividad del trabajo, lo que aumentó la tasa de plusvalía. A esto hay que añadir la revolución que se produjo en los transportes y en las comunicaciones (ferrocarriles, barcos de vapor, telégrafo), y las revoluciones en el crédito y el comercio (sociedades anónimas, grandes almacenes). Todo esto aumentó la velocidad de circulación del capital, y la recuperación consiguiente de la tasa media de ganancia.

Como vemos, los factores sociales extra-económicos fueron decisivos para la recuperación de la tasa media de ganancia. Otro período de expansión de la tasa media de ganancia tuvo lugar a partir de 1893. En ese tiempo, las políticas imperialistas de las potencias occidentales favorecieron la apertura de grandes mercados en Asia y en África, y la generalización de los monopolios. Con ello, bajó sensiblemente el valor de las materias primas, que podían importarse a las metrópolis a precios más reducidos. Una nueva revolución técnica tuvo lugar con la introducción de la electricidad en la industria. Esto posibilitó una reducción del valor de la composición orgánica del capital, debido al abaratamiento en la producción de las máquinas. Las mejoras en las comunicaciones, debidas a la introducción del teléfono, posibilitaron una aceleración de la velocidad de circulación del capital, al mismo tiempo que las innovaciones en los métodos productivos (cadenas de producción) hicieron posible que aumentara la productividad del trabajo, y con ello la tasa de plusvalía.

A partir del año 1940 se produjo otra recuperación muy significativa de la tasa de ganancia. En este caso, el movimiento obrero internacional quedó muy debilitado por el fascismo, la segunda guerra mundial, la guerra fría, y el período de McCarty. La guerra también favoreció la incorporación masiva de la mujer al trabajo, y el consiguiente abaratamiento de los salarios reales. Todo esto posibilitó aumentos muy significativos de la tasa de plusvalía. Por otra parte, la destrucción masiva de capital constante a lo largo de la guerra posibilitó una reducción significativa de la composición orgánica del capital. Del mismo modo, las grandes inversiones en armamento durante la guerra tuvieron el efecto de introducir diversas novedades técnicas y de reducir el valor del capital constante. La guerra fría posibilitó que se siguiera invirtiendo en armamento, con unas ganancias garantizadas por los estados. Del mismo modo, la incipiente industrialización de las colonias y semi-colonias favoreció que se exportaran capitales hacia zonas con una composición orgánica del capital más baja y con una tasa de plusvalía más alta. Los precios de las materias primas se redujeron drásticamente, y los Estados Unidos lograron un monopolio casi total del petróleo. Como en otros períodos, los avances en las comunicaciones y en el crédito permitieron una aceleración de la velocidad de rotación del capital, y una recuperación general de la tasa media de ganancia.

c) La última recuperación

A partir del año 1968 la tasa media de ganancia volvió a descender, y el sistema capitalista entró en una fase recesiva. La automatización creciente en todas las ramas industriales hizo que disminuyeran los puestos de trabajo, pero la reducción de las horas de trabajo socialmente necesarias significó una reducción de la plusvalía, al mismo tiempo que aumentó la composición orgánica del capital. Aunque los salarios reales se habían estancado, la lucha sindical impedía las reducciones drásticas de los mismos. Al mismo tiempo que el movimiento sindical se fortalecía en los países industrializados, en las colonias y semi-colonias avanzaban los movimientos de liberación nacional. El crecimiento económico había provocado un encarecimiento de las materias primas, y los nuevos estados ponían nuevos límites a la circulación del capital. Esta situación se agravó con la crisis del petróleo en los años setenta. Del mismo modo, el uso keynesiano de la inflación para aliviar los gastos sociales no fue uniforme entre los distintos estados, con lo que aumentó el caos monetario.

A comienzos de los años ochenta, algunos teóricos marxistas percibían que el capitalismo había entrado en una crisis de la que ya no podría salir. Ernest Mandel, en un libro publicado por primera vez en el año 1980 (*Las ondas largas del desarrollo capitalista*), sostenía que la tasa media de ganancia solamente podría recuperarse de su caída tendencial si antes del año 1990 se producían una serie de acontecimientos sociales y políticos que actuaran coordinadamente en contra.

Las condiciones que Mandel ponía para la recuperación eran las siguientes. En primer lugar, tendría que producirse un desempleo masivo que erosionara los salarios reales y la organización obrera. En segundo lugar, tendría que producirse una desvalorización masiva del capital constante, que eliminara empresas ineficientes en todo el mundo, incluso empresas multinacionales, con la consiguiente centralización del capital a escala nacional e internacional. En tercer lugar, tendrían que generalizarse nuevas formas de reducir los costos de equipo y el consumo de materias primas y energía, unidos a nuevas invenciones técnicas que permitieran una aceleración revolucionaria de la velocidad de circulación del capital. En cuarto lugar, el desempleo y la reducción de la demanda solamente podrían contrarrestarse si se diera un salto hacia la industrialización y el bienestar en algunos países del llamado "Tercer Mundo" o una mayor integración de la Unión Soviética o de China en el mercado capitalista mundial, unida a una gran explosión crediticia dirigida a estos países. Todo esto, desde el punto de vista de Mandel, solamente podría suceder si, en quinto lugar, se dieran cambios significativos en la correlación política de fuerzas a nivel nacional e internacional, siendo derrotados los movimientos sindicales en los países industrializados y los movimientos de liberación nacional en los países pobres.

Ernest Mandel era un revolucionario comprometido, y como tal tendía a pensar que era imposible que estas condiciones se cumplieran, y de este modo podía esperar un inminente desplome del capitalismo. Pero Mandel era un buen teórico, independiente de los grandes partidos políticos de la izquierda, y supo aplicar de un modo coherente sus principios teóricos. De este modo, sus condiciones para la recuperación del capitalismo se convirtieron en verdaderas predicciones sobre lo que sucedió a partir de la mitad de los años ochenta del siglo pasado. La integración de la Europa del Este y de China en el mercado mundial fue prácticamente completa. En los antiguos países socialistas y en el llamado "Tercer Mundo" se produjo una enorme desvalorización del capital obsoleto, y una penetración masiva de capital foráneo. También tuvieron lugar grandes retrocesos en los movimientos sindicales y en los movimientos de liberación nacional. La revolución de las comunicaciones y la informática aumentaron sensiblemente la velocidad de circulación del capital. Mandel pensaba que todo esto era muy difícil de que sucediera por las guerras que provocaría en los antiguos países socialistas, por el enorme sufrimiento que se infringiría a los países pobres, y por la continuación del daño al medio ambiente. Pero a pesar de sus buenos deseos, sus condiciones para la recuperación del capitalismo resultaron ser verdaderas profecías.

d) ¿Dónde estamos ahora?

Durante los años ochenta, noventa, y durante los primeros años de este siglo XXI hemos asistido a una fase ascendente de las ondas largas capitalistas. Los salarios reales en los países ricos se redujeron, y las tasas de plusvalía aumentaron significativamente. Los antiguos países socialistas fueron incorporados al mercado mundial, obteniéndose tasas de plusvalía elevadísimas en regiones sin ninguna organización obrera significativa, y en las que se produjo una desvaloración masiva del capital constante anticuado. Las trabas arancelarias de los países menos avanzados fueron demolidas, y miles de campesinos se arruinaron en el Tercer Mundo, convirtiéndose en mano de obra desempleada destinados a engrosar el "ejército industrial de reserva" al servicio de nuevas empresas internacionales. El desarrollo de la informática abarató el capital constante y posibilitó una circulación instantánea del capital financiero por todo el planeta.

Sin embargo, al final de la primera década del siglo XXI, la fase expansiva de la onda parece haber llegado a su fin. Los indicios del comienzo de la fase depresiva están a la vista. La explosión crediticia ha causado la inestabilidad del sistema financiero mundial. La integración de los antiguos países socialistas en el mercado capitalista parece haberse completado, salvo pequeñas excepciones. La inversión se ha reducido significativamente y los tipos de interés se han hundido de forma drástica. La revolución informática parece haber alcanzado a todo el planeta, ahora conectado por Internet, de modo que su rentas tecnológicas se disipan. Aunque en los países industrializados el movimiento sindical no se ha recuperado significativamente, en el llamado "Tercer Mundo" nuevos regímenes progresistas, islamistas o populistas ofrecen indicios de recuperación de los movimientos de liberación nacional, y un desafío a los grandes monopolios capitalistas. Estados Unidos ha entrado en una seria crisis como potencia hegemónica mundial, al tiempo que nuevas potencias como China se perfilan en el horizonte, y comienzan a asumir la función de proporcionar alguna estabilidad al sistema financiero mundial. Algunos autores no marxistas, como Santiago Niños Becerra, en su libro sobre *El crash del 2010*, entienden que el capitalismo ha entrado en su fase final.

En un reciente libro sobre *El capitalismo que viene*, Juan Urrutia, un autor de tendencia liberal, trata de detectar algunas características del capitalismo venidero, entre las que se encontrarían las siguientes: el aumento del trabajo por cuenta propia, el difuminado de los contornos de la empresa, la reducción de los derechos de la propiedad intelectual, la privatización de la ciencia, la reducción de los monopolios legales ("capitalismo de amigotes"), la reducción de los costes de transacción, la reducción de las burbujas especulativas en los mercados financieros, la reducción del tamaño de los estados y el aumento del número de los mismos, y la disminución de la importancia de los bancos centrales en la regulación de la economía. Aunque no todas estas tendencias son previsibles con la misma facilidad, resulta interesante observar que, para Urrutia, todas ellas se pueden reducir a una tendencia general del capitalismo actual, que es lo que él denomina la disipación de las rentas. Algo que podría confirmar, desde otro punto de vista, la sensible reducción de la tasa media de ganancia que caracteriza al capitalismo actual.

En el futuro tendremos que ver muy posiblemente los últimos intentos de expansión global del capitalismo. Tras la incorporación de los antiguos países socialistas, solamente algunas regiones de África y del mundo islámico pueden considerarse como no plenamente incorporadas al mercado mundial. Por eso en esos ámbitos se seguirán produciendo guerras de expansión capitalista, que no tendrán por objetivo la imposición de la democracia o el combate del fundamentalismo islámico, tal como se puede apreciar en la actitud occidental hacia países como Arabia Saudí, que a pesar de su ausencia de democracia y de su papel en el fundamentalismo islámico global, están sin embargo incorporados al mercado capitalista global. No es fácil ver cómo puedan producirse avances muy significativos en las comunicaciones o en los transportes que puedan aumentar de manera esencial la velocidad de circulación de capital. Posiblemente sea en el campo de las nuevas fuentes de energía donde podrán producirse cambios significativos que puedan posibilitar algún grado de recuperación en la tasa media de ganancia. No se trata, obviamente, de hacer predicciones sobre el desarrollo del capitalismo. Pero sí podemos darnos cuenta de sus límites planetarios y ecológicos. Llegará un momento en el que las condiciones mismas del planeta harán imposible la recuperación de la tasa media de ganancia. Los mercados no podrán ampliarse más, la velocidad de circulación del capital no podrá seguir aumentando, las desigualdades sociales serán cada vez más escandalosas, y el planeta no podrá sostener más el desarrollo de las fuerzas productivas. Y entonces, si no antes, la humanidad necesitará de nuevas formas de organización económica.

VI. ¿QUÉ ES LA HISTORIA?

Las consideraciones sobre las tendencias más características del capitalismo nos despiertan algunas preguntas esenciales sobre el sentido de la historia humana. ¿Está ya prescrito en la historia todo lo que ha de suceder en ella? Vamos a atender en este apartado a la cuestión de las "predicciones" socialistas, al problema del determinismo, y a la cuestión sobre la realidad o irrealidad de lo histórico.

1. Las predicciones socialistas

Como ya tuvimos ocasión de ver, una buena parte del marxismo, especialmente que se forjó como ideología del "socialismo real", se apartó significativamente de algunas tesis centrales de Marx sobre la praxis humana, su especifidad ontológica y su dignidad. En el contexto de ese marxismo se difundió con frecuencia la tesis de una depauperación progresiva del proletariado. Ciertamente, Marx en el *Manifiesto comunista* habla de esta depauperación, en el sentido absoluto: los pobres serían cada vez más pobres. Ahora bien, si atendemos a su obra económica definitiva, como es *El Capital*, la tesis se modera sensiblemente. En lugar de hablar de una depauperación absoluta, Marx considera solamente una depauperación relativa respecto a la concentración cada vez mayor de los capitales. El capitalismo requiere, para que algunas migajas lleguen a la mesa de los pobres, que las diferencias con los ricos sean mayores. Como hemos visto, esto no exige que los pobres sean cada vez más pobres (aunque en ocasiones esto es lo que sucede), sino más bien que las diferencias sociales sean cada vez más grandes. Y esto sin duda es lo que observamos también en el capitalismo más desarrollado.

Por otra parte, ya hemos visto que las tesis de Marx sobre una caída tendencial de la tasa media de ganancia sirvieron a autores como Mandel para hacer predicciones bastante ajustadas sobre las condiciones que tenían que cumplirse para que el capitalismo no terminara hundiéndose, sino que entrara de nuevo en una fase expansiva. Ahora bien, aunque la predicción de las condiciones necesarias fue bastante exacta, y al final de los años ochenta esas condiciones comenzaron a realizarse, y condujeron efectivamente a una recuperación del capitalismo que ha durado veinte años, es interesante observar que Mandel, el autor de las predicciones, no pensaba realmente que el capitalismo pudiera recuperarse. Y ésta es una cuestión interesante, porque nos pone ante una cierta ambigüedad de la historia: por una parte, parece que los dinamismos históricos tienen cierta lógica, de tal manera que, en la medida que los conocemos, podemos hacer predicciones. Por otra parte, parece sin embargo que hay, no sólo un margen de afinar las predicciones (como en el caso de la depauperación progresiva del proletariado), sino también un margen de error. Y esto nos conduce a la pregunta por la realidad de lo histórico.

2. El problema del determinismo

Una característica del marxismo soviético fue su tendencia a pensar la historia humana de manera determinista. Este determinismo tiene que ver con dos características de esa ideología que ya hemos considerado, y que están relacionadas entre sí: el fuerte influjo de la filosofía de Hegel, y la tendencia a olvidar la realidad irreductible de los individuos vivientes.

La filosofía de Hegel entendía la historia desde el punto de vista de la realización lógica de la idea, y la dialéctica expresaba precisamente la presencia del λόγος en la historia. Lo que había de suceder en la historia no era otra cosa que el desarrollo *lógico* de los principios que ya estaban puestos al comienzo de la misma. Hegel llegaba a decir que su filosofía era la exposición de "la mente de Dios antes de crear el mundo". Y es que una característica de todo determinismo es la siguiente: si conocemos las condiciones iniciales de un objeto, y si conocemos todas las leyes deterministas por las que este objeto se mueve, necesariamente conoceremos también todas las fases por las que este objeto va a pasar en el futuro. En la física clásica se hablaba por eso de la "fórmula intemporal" de Laplace, un científico francés que precisamente señalaba que, si conociéramos completamente todos los átomos de nuestro universo, bastaría con aplicarle las leyes de la física de

Newton, para conocer todo lo que el universo ha sido, y todo lo que el universo será.

En el marxismo soviético, la insistencia en una comprensión "científica" de la historia favoreció la tendencia a ver la historia como el desarrollo de unas leyes férreas, que ya estarían puestas al comienzo de los tiempos, y que nos permitirían prever todo lo que va a suceder en el futuro. En el "materialismo dialéctico" tendríamos precisamente la exposición de estas leyes eternas de la materia, y en el "materialismo histórico" nos encargaríamos simplemente de aplicarlas a la historia. De este modo, podríamos entender perfectamente todo lo que ha sucedido en el pasado, y también prever con exactitud lo que sucederá en el futuro. La historia estaría compuesta de distintas fases, no sólo pasadas, sino también futuras: esclavitud, feudalismo, capitalismo, socialismo y comunismo. Desde este punto de vista, la historia sería algo así como el "des-arrollo" de lo que ya estaba "enrollado" en el comienzo de los tiempos, en las leyes de la materia. Y esto significa que en la historia no habría propiamente ningún lugar para la novedad: el futuro sería simple desenvolvimiento de lo que ya está en el pasado.

Ahora bien, las cosas no eran tan sencillas. Por una parte, los mismos autores socialistas del siglo XIX no fueron tan rígidos en su concepción de la historia. Pensemos, por ejemplo, en la caída tendencial de la tasa media de ganancia, a la que hemos aludido en las secciones anteriores. Marx mismo subrayó su carácter *tendencial*, porque puede haber otros procesos en el capitalismo que actúen en su contra. No se trata, por tanto de una ley inflexible. Por otra parte, el desarrollo mismo de la ciencia física a lo largo del siglo XX ha dejado un lugar para la indeterminación. No es tan fácil decir en la actualidad que la física, si conociera todos los estados de las partículas elementales, podría predecir su desenvolvimiento futuro. Además, el mismo hundimiento del socialismo del siglo XX nos hace sospechar que la historia difícilmente puede comprenderse como un proceso mecánico en el que simplemente se va "des-arrollando" o "desenvolviendo" lo que ya está puesto al comienzo de los tiempos. Al parecer, en la historia hay lugar para retrocesos, líneas muertas, ensayos y errores, etc.

Esto no obsta para que el determinismo del materialismo soviético cumpliera una función ideológica. Antonio Gramsci, un teórico comunista de la primera mitad del siglo XX, a quien ya hemos aludido, emprendió una discusión con Bujarin, otro teórico al que también hemos mencionado, precisamente respecto a esta cuestión. Bujarin había escrito un texto claramente determinista, y Gramsci emprendió la crítica del mismo a partir del concepto de praxis, al que ya nos hemos referido aquí. Sin embargo, Gramsci concedía que el determinismo cumple una función ideológica importante: si las personas piensan que su causa va a ganar necesariamente, son más optimistas a la hora de entregarse generosamente a ella, incluso a riesgo de sus propias vidas. Ahora bien, esta función ideológica del determinismo no implica que sea verdadero. Tampoco legitima su uso. De nuevo nos encontramos con el sacrificio del individuo viviente en nombre de grandes palabras, como la sociedad o la historia. Ahora bien, ¿hay historia al margen de los individuos vivientes? ¿Acontece la historia sin ellos?

El derrumbe de las utopías socialistas del siglo XX ha conducido a muchos a apostar por una especie de disolución de la historia en los meros individuos. Los posmodernos han criticado, en parte con razón, los "grandes relatos" a los que se sacrificaron millones de vidas humanas. La historia no sería, según ellos, el gran relato de la emancipación humana, de la liberación del proletariado, etc. Lo único que tendríamos serían pequeños relatos de vidas humanas, que no obedecerían a ningún guión predeterminado desde el principio de los tiempos. La historia no sería el desarrollo de ningún programa escrito por la Idea o por la materia al comienzo de la misma. Lo único que tendríamos serían sucesos particulares, que serían los propios de la vida de cada uno. La Historia con mayúsculas no sería más que una ficción: tal Historia no existe, ni nunca ha existido.

Obviamente, si esto es verdad en toda su extensión, la pretensión socialista de comprender la historia habría perdido todo su sentido. No habría nada que comprender, porque no habría historia. Las "leyes de la historia" no serían más que un mito, propio de la modernidad, que la posmodernidad se tendría que encargar de deshacer. Ahora bien, las cosas no son tan sencillas. Hemos visto, en el capítulo anterior, que el estudio de la lógica interna del capitalismo le permitió a ciertos autores la realización de algunas "predicciones" sobre el futuro. Ciertamente, no se trataba de predicciones inexorables. De hecho, lo que Mandel mencionaba eran más bien "condiciones" que tendrían que darse para que el capitalismo se recuperara de su crisis, aunque, como dijimos, él pensaba que esas condiciones no se iban a dar. Sin embargo, las condiciones mencionadas no eran especulaciones en el vacío, sino que se derivaban de su estudio del capitalismo, y de hecho terminaron realizándose. Esto nos hace pensar que, aunque la historia no sea un proceso determinista, al margen de la praxis viva y libre de los individuos, hay sin embargo cierta posibilidad de entender los dinamismos que actúan en ella, hasta el punto de captar algunas tendencias generales y posibilidades futuras. Pero entonces, ¿qué es la historia?

3. La actividad histórica

Dice la octava de las *Tesis sobre Feuerbach*, que "todos los misterios que conducen la teoría al misticismo, tienen su solución racional en la praxis humana y en la comprensión de esa praxis". El "misticismo" alude aquí a la crítica de Feuerbach a la religión, según la cual el ser humano queda referido a realidades inexistentes, que ha proyectado fuera de sí. Como vimos, una de estas realidades inexistentes es la realidad social: lo que existe son estructuras sociales, con un carácter procesual. Esas estructuras, por supuesto, se plasman en realidades visibles, como los símbolos que utilizan los grupos sociales, los edificios, las cosas que la sociedad asigna en propiedad a unos y a otros, etc. Pero la sociedad no es nada al margen de los individuos, sino un momento que acontece en ellos: su comportamiento estructurado en forma de procesos sociales. Algo parecido sucede con la historia. Propiamente no hay una "realidad histórica", como pensarían Hegel, Zubiri o Ellacuría, sino que lo único que acontece es nuestra praxis, la cual no sólo tiene una dimensión social, sino también una dimensión histórica. Veamos esto más despacio.

La historia no es una realidad, sino una actividad. Ciertamente, la historia queda consignada en documentos, o en restos arqueológicos, que estudian la ciencia histórica. Sin embargo, esos documentos y esos restos arqueológicos son los precipitados reales de la praxis histórica. A veces, la ciencia histórica es llamada "historia", aunque el término "historiografía" sería preferible. La historia es más bien esa actividad humana que es estudiada por la ciencia histórica, valiéndose de documentos, restos arqueológicos y cualquier otro indicio que sirva para consignar lo acontecido históricamente. Ahora bien, la praxis histórica no sólo produce precipitados reales, sino también precipitados práxicos. Estos precipitados práxicos son precisamente los procesos sociales desencadenados por la actividad histórica del ser humano. Sin embargo, del mismo modo que la historia no se identifica con sus precipitados reales, tampoco se identifica con sus precipitados práxicos. La historia no es simplemente un proceso social, porque la historia no consiste simplemente en actuaciones socialmente estructuradas, unas en función de otras. La historia constituye una dimensión distinta de la praxis humana, según la cual ésta acontece ejecutando posibilidades.

Las posibilidades son precisamente aquello de lo que trata la razón humana. Cuando la razón se pregunta por la estructura atómica de un compuesto químico, lo que hace precisamente es averiguar lo que un compuesto químico "puede ser". Cuando al caminar por una vereda vemos una sombra extraña en el horizonte, lo que hace nuestra razón es preguntarse qué "puede ser" esa sombra. Y precisamente lo que pensamos que la cosa "puede ser" es lo que determina un elenco de posibilidades. Podemos pensar que se trata de algo que estamos buscando, o que se trata de un peligro. Según lo que pensemos que las cosas "pueden ser", se forma ante nosotros un elenco de posibilidades. Si pensamos que es un peligro, podemos, por ejemplo, prepararnos para defendernos, podemos pedir auxilio, o podemos huir. La ejecución de una posibilidad determina, a su vez, la apertura de un nuevo sistema de posibilidades. Pensemos, por ejemplo, que hemos ejecutado la posibilidad de huir. Pero en nuestra huida podemos seguir distintos caminos. Las posibilidades apropiadas determinan un nuevo sistema de posibilidades, según el cual se va configurando históricamente nuestra praxis.

Por supuesto, esta ejecución de posibilidades no tiene por qué ser individual. En el ejemplo anterior, podemos imaginarnos que quien se encuentra con un peligro es un grupo de excursionistas, y no un solo individuo. Esto significa que será el grupo entero el que tendrá que optar entre las distintas posibilidades que van surgiendo ante ellos. Por supuesto, al ejecutar unas u otras posibilidades, el mismo grupo puede dividirse, pues unos pueden optar por la defensa, mientras otros optan por la huida. En este caso, a cada grupo se le ofrecerá un nuevo sistema de posibilidades pues, por ejemplo, quienes han optado por la defensa podrán en ocasiones ejercer esta defensa de distintas maneras. No sólo esto. La ejecución de determinadas posibilidades puede dar lugar a la constitución de nuevos grupos. Quienes van huyendo pueden encontrarse con otro grupo de personas, y unirse (o no) a ellas. En este caso se abrirán nuevas posibilidades. El nuevo grupo tal vez tiene información sobre la índole del peligro, sobre otras posibilidades de defensa o de huida no consideradas, etc., etc.

Este sencillo ejemplo tiene la ventaja de mostrarnos que, en la historia, no nos encontramos sencillamente con un caos de acciones sin ninguna racionalidad, como quisieran los enfoques más disolventes. Ahora bien, la racionalidad de la historia tampoco consiste en el desarrollo mecánico de un plan que la razón habría determinado desde el comienzo de los tiempos. La racionalidad de la historia consiste más bien en el descubrimiento de diversas posibilidades (de lo que las cosas *pueden* ser y de lo que nosotros *podemos* hacer) y en la ejecución de las mismas. Y esto nos permite *entender* la historia. La historia no es un simple caos, sino que, en cada caso, podemos tratar de entender las posibilidades que las personas y los grupos tenían, y las razones de que prefirieran unas posibilidades a otras. Es más: la ejecución de posibilidades da lugar a estrictas líneas históricas, porque unas posibilidades van dando lugar a otras. Y esto no sucede de un modo arbitrario o caótico, sino que según cuáles hayan sido las posibilidades ejecutadas, así será el nuevo elenco de posibilidades con el que nos encontremos.

Si volvemos a nuestro estudio sobre el capitalismo, podemos decir, por ejemplo, que lo que Mandel encontraba cuando estudiaba las ondas largas del capitalismo, no era en realidad una ley inflexible que había de llevar necesariamente a su derrumbe. Lo que encontraba eran más bien posibilidades: la posibilidad de una continuación de la caída de la tasa de ganancia y la posibilidad de su recuperación. El estudio "científico" de la historia económica no significa en realidad la formulación de leyes inflexibles, sino el descubrimiento de posibilidades. La caída tendencial de la tasa media de ganancia no expresa, por tanto, una ley dialéctica escrita desde el principio de los tiempos, y que tuviera que cumplirse inflexiblemente, al margen de los individuos vivos y sus decisiones efectivas. Ahora bien, se trataba precisamente de posibilidades. Y aquí es donde tiene todo su sentido el llamado "materialismo histórico": en la historia no cualquier cosa es posible, sino que en cada momento histórico el elenco de posibilidades está determinado por las condiciones reales y práxicas con las que los seres humanos se encuentran. La historia no acontece en las nubes, o en el mundo de las ideas, sino en las condiciones concretas en las que viven las personas, las cuales acotan su elenco de posibilidades.

De este modo, podemos de nuevo señalar que el núcleo de la historia no es una "realidad histórica" al margen de los individuos vivos, sino que el núcleo de la historia es la praxis viva que ejecuta posibilidades. En cuanto ejecución de posibilidades, la praxis humana está acotada por lo que en cada momento histórico es verdaderamente posible. Y entonces de nuevo aquí nos encontramos no sólo con condiciones materiales de índole geográfica, técnica, etc., sino también con los poderes sociales de los que hablábamos anteriormente. Las instituciones sociales, en la medida en que pretenden decirnos que ciertas opciones determinarán ciertas consecuencias, tienen la función ideológica de decirnos qué cosas son posibles y deseables (de modo que conllevarán consecuencias positivas), qué cosas son posibles pero están prohibidas (de modo que atraerán consecuencias negativas), y qué cosas son presuntamente imposibles. Por supuesto, al hacerlo, las instituciones sociales sirven a sus propios intereses o a las de los grupos a ellas vinculados. Ciertos economistas, por ejemplo, nos dirán que no hay más posibilidad que el capitalismo. Otros dirán lo contrario.

Y esto nos lleva al siguiente punto de nuestra investigación. Hemos analizado el socialismo real del siglo XX, y hemos analizado el capitalismo. ¿Son éstas las únicas posibilidades históricas, o se abren ante nosotros otras posibilidades? Será el tema de la siguiente sección.

VII. ¿HAY ALGUNA ALTERNATIVA POSIBLE?

En esta sección examinaremos la cuestión de las alternativas posibles al sistema económico capitalista. Para hacerlo, pasemos primero revista a algunas alternativas que, a la luz de lo que hemos venido examinando hasta aquí, podremos considerar como insuficientes. En segundo lugar, analizaremos la llamada "democracia económica", propuesta por David Schweickart. Ello nos llevará a analizar dos asuntos relacionados: el problema de la democracia y la cuestión de la transición.

1. Algunas propuestas insuficientes

En el libro del Apocalipsis, el último de las Biblias cristianas, se representa al imperio romano (e, implícitamente, a todo otro imperio) como una horrible bestia, y con ello se denota su carácter inhumano. De hecho, todos los grandes imperios de la humanidad se han representado a sí mismos recurriendo a seres bestiales o a depredadores carniceros. No ha hecho falta que nadie los llame bestias, sino que ellos mismos han adoptado esas figuras para representarse como poderes inhumanos. Una característica de las bestias que se toman como referencia es estar en la cabeza de la cadena alimenticia: ellos devoran a los demás, pero nadie los puede devorar a ellos. Las bestias se consideran invencibles. En el libro del Apocalipsis podemos leer lo que normalmente dicen los adoradores de los grandes imperios: "¿Quién es semejante a la bestia, y quién podrá lidiar con ella?" (Apocalipsis 13:4). Los imperios bestiales se presentan a sí mismos como invencibles. No tienen alternativas.

El capitalismo dice eso mismo de sí: no hay alternativa. Al igual que el escritor romano Polibio Megapolitano sostenía que, con el imperio romano la historia había llegado a su fin, del mismo modo, los ideólogos actuales del capitalismo dicen que no hay nada más allá del mismo. La historia habría terminado. En este punto es donde resulta muy importante mostrar que existen nuevas posibilidades. La actitud de Marx, que se negaba a diseñar sistemas socialistas, es poco comprensible en la actualidad. Tal vez en la época de Marx, caracterizada por el optimismo y los rápidos cambios sociales, era fácil pensar que otro sistema económico podría surgir tras el capitalismo. En nuestro tiempo, caracterizado por el pesimismo y la derrota de los socialismos del siglo XX, es importante mostrar, al menos teóricamente, que otro sistema económico es posible. El capitalismo no es el único sistema económico que puede funcionar. Si la historia consiste en la apropiación de posibilidades, esto quiere decir que no tenemos que avanzar a ciegas, ni resignarnos a aguardar a que las cosas sucedan. Si la historia consiste en apropiación de posibilidades, es importante preguntarnos qué posibilidades tenemos a nuestro alcance. No importa que esas posibilidades no se hayan realizado aún; lo decisivo es que sean verdaderas posibilidades y se puedan, por tanto, realizar.

Estas consideraciones delimitan ya, de alguna manera, las posibilidades que vamos a considerar aquí. Nos preguntamos por nuevas posibilidades, por verdaderas novedades en la historia humana. Y esto significa entonces que la propuesta de nuevas alternativas no puede consistir simplemente en reeditar los experimentos del pasado. En concreto, esto significa que una verdadera alternativa no puede ser una nueva versión de la planificación centralizada. Ya hemos visto que la planificación centralizada otorga tal poder a la agencia planificadora central que es difícilmente compatible con cualquier institucionalidad democrática perdurable. La democracia no consiste solamente en la elección de aquéllos que han de gobernar. Para que la democracia funcione se requiere una separación de los poderes públicos y una posibilidad efectiva de un control de los mismos. Aunque una hipotética agencia planificadora central fuera elegida democráticamente, su inmenso poder económico, que la capacita para determinar la actividad económica de cada persona y lo que cada uno ha de recibir a cambio de su trabajo, hace muy fácil que los planificadores de turno limiten todo el poder económico de sus opositores, hasta hacerlos insignificantes.

En este punto no basta con decir que la planificación será democrática, que el pueblo estará implicado en la misma, que las organizaciones populares van a ser verdaderos sujetos de su destino, etc. Lo que es necesario es mostrar que la agencia planificadora central no va a tener el suficiente poder en sus manos como para eliminar económicamente a cualquier grupo crítico. Y esto es precisamente lo que no se puede mostrar, porque es una contradicción en los términos. El problema, en este punto, no está simplemente en las ineficiencias que ya vimos en la planificación centralizada. Estamos también ante un problema de incompatibilidad con la democracia real. Y estos problemas se complican si tenemos en cuenta que el sistema capitalista es cada vez más claramente un sistema mundial, y que una verdadera alternativa tendrá que ser también mundial, al menos si quiere evitar la existencia de estados socialistas compitiendo mercantilmente entre sí. Y esto significa entonces la necesidad de una planificación centralizada mundial, con toda la complejidad y el centralismo que ello significa.

Del mismo modo que la planificación centralizada no constituye una verdadera alternativa al capitalismo global, tampoco un régimen socialdemócrata puede considerarse como una alternativa. La razón, en principio, es muy sencilla. La socialdemocracia no representa una alternativa al capitalismo, sino una manera concreta de administrarlo. Las características esenciales del capitalismo (propiedad privada de los medios de producción, mercado y trabajo asalariado) continúan en vigor en cualquier socialdemocracia. Esto no significa, por supuesto, que la socialdemocracia no sea en muchos casos preferible a otras maneras de administrar el capitalismo. Al menos en principio los gobiernos socialdemócratas manifiestan un mayor interés en proteger a las personas más débiles desde un punto de vista económico. Esto, sin embargo, no quiere decir que necesariamente lo consigan. En ocasiones, las medidas socialdemócratas pueden tener el efecto de ahuyentar las inversiones a otros países más "liberales", o de ralentizar los procesos económicos, con perjuicios también para los mismos trabajadores. El capitalismo es un sistema que tiene sus propias reglas, y muchas veces los socialdemócratas, después de algunos entusiasmos iniciales tras su llegada al gobierno, tienen finalmente que seguir la lógica interna del sistema capitalista.

Esto no obsta para que los gobiernos socialdemócratas puedan poner las bases para transformaciones ulteriores, que conduzcan más allá del capitalismo. Pero tampoco conviene engañarse. El criterio para saber si estamos caminando hacia un régimen distinto del capitalismo no está en la retórica de los políticos, en el color de las banderas, en las amistades internacionales o en las declaraciones de principios. El verdadero criterio para saber si caminamos hacia un sistema distinto del capitalismo es otro. De lo que se trata es de saber si las características esenciales del capitalismo están siendo cambiadas de un modo significativo. De lo contrario, el capitalismo y sus dinámicas internas seguirán funcionando. Y esto significa que en la socialdemocracia la caída tendencial de tasa de ganancia seguirá disparando las contra-tendencias propias del capitalismo, que ya analizamos anteriormente. Una buena administración del capitalismo (aunque se llame a sí misma socialdemócrata) tendrá que tratar de que aumente la tasa de plusvalía y que disminuya la composición orgánica del capital. Las tendencias expansivas e incluso belicistas del capitalismo seguirán funcionando. Los salarios reales seguirán cayendo. Nada nuevo habrá aparecido bajo el sol.

2. La democracia económica

Lo que nos interesa entonces es ver si existen algunas alternativas reales al sistema económico capitalista. Aquí nos vamos a fijar concretamente en una propuesta: la de David Schweickart. A diferencia de otras propuestas, en las que a menudo aparece un componente retórico muy elevado, Schweickart se ha preocupado de diseñar transformaciones institucionales muy concretas, y se ha preguntando de modo detallado por los efectos posibles que esas propuestas podrían tener en el ámbito económico. Por supuesto, la propuesta de Schweickart no se ha realizado efectivamente en ningún lugar del planeta, y en ese sentido es "utópica". Esto es exactamente lo que significa utopía (οὐ-τόπος): en ningún lugar. Sin embargo, Schweickart ha analizado algunas dinámicas concretas (como la autogestión en la antigua Yugoslavia, los conglomerados de bancos y empresas en Japón, y las cooperativas del grupo Mondragón en el País Vasco) que permiten hacernos una idea de las dinámicas concretas que se originan ante determinadas instituciones económicas. A la hora de analizar qué posibilidades tenemos a nuestra disposición, ya no nos sirve la vieja oposición entre socialismo utópico y socialismo científico. La verdadera oposición se da hoy entre el socialismo retórico y las utopías que arrancan de la realidad.

Para analizar la propuesta de Schweickart podemos considerar cómo en ella se transforman las tres características esenciales del capitalismo. Decíamos que, tratándose de características necesarias para que se pueda hablar de capitalismo, el cambio de una de ellas implicaba que ya no estamos ante un régimen verdaderamente capitalista. Del mismo modo, en la medida en que estas características están vinculadas estructuralmente entre sí, la transformación de una sola de ellas repercute, en mayor o menor medida, sobre las demás.

La primera característica esencial del capitalismo era la propiedad privada de los medios de producción. En la democracia económica, descrita por Schweickart en su libro *Against Capitalism* (traducido como *Más allá del capitalismo*), los medios de producción son propiedad de toda la sociedad. Sin embargo, estos medios de producción no son administrados directamente por el gobierno. Los trabajadores son directamente responsables del funcionamiento de las empresas. Ellos toman directamente las decisiones, o delegan algunas decisiones en consejos y gerentes, democráticamente elegidos. Para mantener y mejorar el capital inicial, toda empresa tiene un fondo de amortización, que no podrá nunca emplearse para aumentar los ingresos de los trabajadores. Los beneficios obtenidos por la empresa se reparten según el criterio de los trabajadores, que pueden optar por pagar más a ciertos trabajadores, o por pagar a todos lo mismo. En caso de que la empresa no genere los ingresos mínimos, los trabajadores tendrán que cerrarla para buscar trabajo en otro lugar, y el capital constante regresa a la sociedad.

La segunda característica del capitalismo es el mercado. En la democracia económica el mercado sigue funcionado en un aspecto esencial del mismo, que es la asignación de los bienes de consumo y de los bienes de capital. Las empresas compran materias primas y maquinarias a otras empresas, y venden sus productos a otras empresas o a los consumidores. Los precios, en este ámbito, se determinan según las leyes de la oferta y la demanda. Por supuesto, al igual que en el capitalismo, el estado puede intervenir para regular algunos sectores esenciales (como la educación o la salud), y también para corregir defectos del mercado. En la democracia económica el mercado no es un absoluto. Sin embargo, se reconoce que, sin el mercado, es prácticamente imposible saber qué es lo que se ha de producir, y en qué cantidad se ha de producir. Y también se reconoce que, sin el mercado, es difícil que se pueda evitar una concentración autoritaria del poder. Por eso, la propuesta de Schweickart puede considerarse como la de un socialismo de mercado real, no simulado.

Ahora bien, el mercado, en un sistema capitalista, no sólo sirve para asignar bienes y recursos existentes. El mercado capitalista también sirve para determinar adónde se dirigen las inversiones, marcando así el curso y el nivel del desarrollo futuro. En el capitalismo existe un "mercado del dinero", al que acuden los ahorradores privados y los inversores privados, cuya interacción determina el tipo de interés. Con ese tipo de interés, los inversores privados adquieren dinero que invierten allí donde esperan obtener mayores beneficios. En la democracia económica el proceso sería distinto. La inversión estaría controlada socialmente, y mediada por procesos democráticos. Los fondos de inversión, en la democracia económica, se generan, no ofreciendo un interés a los ahorradores, sino gravando los bienes de capital. Esto tiene no sólo la función de generar fondos de inversión, sino también la función de obligar a las empresas a ser eficientes en el uso de los bienes de capital, que no podrán aumentar de modo irracional. Si los bienes de capital están gravados por un impuesto, las empresas tratarán de economizar su uso.

La consecuencia de este proceso es la desaparición de los intereses. Si el fondo de inversión se genera mediante el impuesto sobre el capital, no será necesario pagar a los particulares un interés por sus ahorros ni tampoco será necesario cargar intereses a los préstamos. Por supuesto, dentro de algunos límites, será posible crear cooperativas de ahorro y préstamos, destinadas a facilitar la salvaguarda del dinero ahorrado, y a facilitar préstamos personales para el consumo y la vivienda. Estas cooperativas podrían pagar un interés por los ahorros privados, y recargar un interés algo mayor por los préstamos. Sin embargo, estas cooperativas no decidirían el curso de las inversiones futuras. Los fondos de inversión, generados por un impuesto sobre el capital, serían controlados socialmente, sin necesidad de un mercado de dinero. En este sentido, la vieja negativa bíblica al préstamo con interés ("usura") reaparece en la democracia económica.

¿Cómo se administrarían entonces los fondos de inversión? Aquí la propuesta de Schweickart es amplia, y entiende que podría moverse entre dos extremos. Un extremo sería el de la planificación. Pero no se trata de una planificación centralizada, al estilo soviético, sino de una planificación semejante a la que fue frecuente en Japón durante la época de su despegue económico. El parlamento elabora, asesorado por especialistas, un plan económico. Este plan se aplica después, no mediante decretos o mediante el uso de la fuerza, sino haciendo uso de los amplios poderes económicos que tiene el gobierno central para acceder a las finanzas. De este modo, ciertas empresas o sectores podrían ser limitados en su desarrollo, mientras que se podría favorecer la expansión de otros en las direcciones acordadas por el parlamento.

En el otro extremo tendríamos un sistema completamente abierto (un "*laissez faire* socialista"), carente de toda planificación central. El parlamento se limitaría a fijar el impuesto sobre el capital (que funcionaría como un tipo de interés), y lo revisaría anualmente para alinear la oferta disponible en el fondo de inversión con la demanda. Los bancos nacionales y locales, que funcionarían como el resto de las empresas cooperativas, recibirían estos fondos de inversión, y se les permitiría cargar un tipo de interés más amplio en sus préstamos, con lo que podrían tratar de maximizar su propio beneficio, favoreciendo los préstamos más rentables. En este caso, no se intentaría promover ni detener ninguna línea de inversión, con lo que no habría ningún control central sobre el desarrollo futuro de las inversiones.

De hecho, David Schweickart se inclina por una solución intermedia. Un exceso de planificación, aunque fuera meramente indicativa, podría inclinar a la sociedad hacia el autoritarismo, mientras que una libertad total para los bancos y las empresas democráticas impediría que la sociedad pudiera decidir democráticamente sobre ciertas prioridades económicas que deseara favorecer. Para lograr este sistema intermedio, Schweickart propone dos tipos de medidas posibles. Por una parte, un porcentaje del fondo de inversión, determinado democráticamente por el parlamento, podría utilizarse para préstamos a cooperativas que, siendo rentables, tienen sin embargo un valor para la sociedad superior al de su rentabilidad: pensemos, por ejemplo, en el uso de nuevas tecnologías, más ecológicas, etc. También podría decidirse democráticamente que se asignara un porcentaje del fondo de inversión para financiar socialmente ciertos servicios que se quisieran ofrecer de un modo no rentable o incluso gratuitamente, como la educación, la salud, el transporte urbano, la investigación, etc.

El resto del fondo de inversión se prestaría, con un porcentaje de interés a los bancos cooperativos, los cuales a su vez lo podrían prestar a cooperativas con ánimo de lucro. Ahora bien, incluso aquí se podrían poner algunos límites a un *laissez faire* completo. Así, por ejemplo, los bancos cooperativos podrían estar dirigidos de un modo distinto del de las demás empresas, de modo que en su consejo directivo no sólo estuvieran los representantes de los trabajadores del banco, sino también representantes de las empresas que decidieran afiliarse a ese banco, según el modelo de la Caja Laboral Popular de las cooperativas de Mondragón o de los conglomerados de bancos y empresas de la economía japonesa. También podría haber en el consejo directivo de los bancos representantes del área geográfica o de las comunidades en las que esos bancos operan. Observemos que, en todos los casos, estas medidas que limitan el *laissez faire* admiten diversos grados (porcentaje del fondo de inversión que queda sujeto a planificación y porcentaje de representación externa en los bancos cooperativos), de tal modo que la propuesta de Schweickart no esboza un sistema rígido, sino un amplio abanico de configuraciones posibles de la democracia económica como alternativa al capitalismo.

Ciertamente, la democracia económica de Schweickart sería un sistema post-capitalista. La propiedad privada de los medios de producción y el trabajo asalariado son sustituidos por una propiedad colectiva y democrática y por una participación de los trabajadores en los beneficios de las empresas. Ahora bien, la democracia económica es un sistema de mercado, aunque este mercado pueda estar sometido a ciertos controles, como también sucede en el capitalismo. David Schweickart no duda en llamar a su propuesta "socialismo". Y sin duda que estamos ante algo muy semejante a lo que desearon los socialistas del siglo XIX. En la democracia económica tenemos verdaderamente a un "ser humano socializado", es decir, a unos "productores asociados" que gobiernan ellos racionalmente la actividad económica, como Marx nos decía en el famoso texto del tercer volumen de *El Capital*. Ahora bien, si se quiere hablar de socialismo, está muy claro que estamos ante un socialismo muy distinto del socialismo soviético. En este caso podemos hablar sí, sin duda, de un "socialismo del siglo XXI", o al menos de un socialismo que sería deseable alcanzar en el siglo XXI.

En este punto es interesante hacer una observación. En el texto que hemos citado de Marx se hace alusión a un control racional del intercambio humano con la naturaleza, que ya no estaría regido por fuerzas ciegas, sino por los productores asociados. En la democracia económica se establecen de manera concreta las instituciones que estarían encargadas de ese control democrático y racional de la actividad económica: el parlamento y los consejos democráticos en las empresas. Sin embargo, en la democracia económica, aunque puede haber márgenes mayores o menores de planificación, sigue habiendo mercado. Y en el mercado las decisiones no se toman centralmente (como sucedía en la agencia planificadora central soviética), sino de manera plural, en cada empresa. Ahora bien, es interesante constatar que, desde el punto de vista de la democracia económica, esta ausencia de un control central todopoderoso no significa necesariamente irracionalidad. La democracia económica admite que la planificación centralizada, aunque en teoría parece representar mejor el modelo de un "control racional" (una mente decidiendo centralmente el curso de la economía), en la práctica daba lugar a distintas irracionalidades (la imposibilidad de planificar todos los detalles, la ausencia del criterio del mercado para el momento en que los directores de empresas recibían más autonomía, la aparición del mercado negro).

En cambio, la democracia económica entiende que el mercado, aunque está sometido a vaivenes, puede ser regulado de modos racionales, en el marco de un sistema democrático, donde las empresas son regidas por los trabajadores, y el parlamento decide en términos muy generales sobre el curso de la economía. Y esto es algo que puede ser considerado como un verdadero control racional de los trabajadores asociados sobre la producción, que no queda en modo alguno entregada a fuerzas ciegas, fuera de control. Dicho en otros términos, en la democracia económica no se renuncia a la racionalidad, pero esta racionalidad es entendida, no como control central omnipotente, sino como una racionalidad democrática, que admite pluralidad y diversidad. En este aspecto, el mercado no es divinizado como la respuesta ideal a todas las dificultades de la economía (en la democracia económica no hay mercado de dinero, mientras que el mercado puede estar sujeto a distintos controles), pero tampoco satanizado. El mercado no es anulado, sino sometido a un control racional y democrático.

3. El problema de la democracia

Ya hemos aludido a las dificultades de la llamada "democracia formal" o "democracia burguesa". En realidad, este tipo de democracias son muy limitadas, porque están ligadas a la existencia de grandes dificultades sociales y a la creciente dominación socio-económica de unos sobre otros. Aunque los teóricos liberales suelen presuponer que la democracia formal y el capitalismo son aliados naturales, las cosas no son tan sencillas. Antes de la primera guerra mundial, el único país europeo en el que había una democracia plena, incluyendo el sufragio universal, era Noruega. En general, las burguesías europeas se habían opuesto al avance de la democracia. De hecho, la democracia solamente es compatible con el capitalismo cuando este sistema recibe garantías suficientes de que las mayorías no van a alterar el régimen básico de propiedad de los medios de producción. Por eso la democracia suele ser un producto más bien tardío en los países capitalistas, y sujeto a importantes limitaciones.

El carácter tardío de la democracia se debe a la necesidad de una especie de consenso en la población, según el cual la propiedad privada de los medios de producción no va a ser puesta en entredicho por parte de las mayorías políticas. Esto requiere ciertas garantías jurídicas en las constituciones, y cierta distancia de los ciudadanos respecto a posibles tentaciones revolucionarias, ya sea debido a malas experiencias pasadas con el socialismo, o a la adquisición de cierto nivel de vida. Si éstas condiciones no se dan, el capitalismo prefiere las dictaduras, ya se trate de dictaduras "de derechas" (como en Chile) o de dictaduras "de izquierda" (como en China). Estas dictaduras cumplen la función esencial de evitar las protestas y los movimientos sociales que podrían poner en entredicho la propiedad privada de los medios de producción. Y esto significa entonces que la democracia formal solamente resultará aceptable para las clases dirigentes de esos países cuando la mayor parte de la población haya aceptado el capitalismo como un hecho irreversible y "natural".

Por otra parte, la democracia formal, incluso cuando es instaurada, está sometida a importantes restricciones. En la mayor parte de los casos existen filtros que evitan que las personas se pronuncien directamente sobre los asuntos comunes de relevancia. Así, por ejemplo, la opinión de la mayoría es mediada por los partidos políticos, los cuales evitan que la población decida directamente sobre cada cuestión, ofreciendo "paquetes" de medidas que los ciudadanos tienen que aceptar en bloque. Estos "paquetes" son los programas políticos, normalmente presentados por unos pocos partidos entre los que los ciudadanos tienen que decidir. Una vez que se ha llevado a cabo la elección, los ciudadanos no suelen volver a ser interrogados hasta la próxima consulta electoral, unos años después. Igualmente, al interior de cada partido, los miembros electos son sometidos a ciertos controles disciplinarios por parte del aparato de partido, de tal modo que durante su mandato tienen que rendir cuenta a los dirigentes de su partido, más que a los ciudadanos que los eligieron. Como los cargos electos no son revocables, los ciudadanos no pueden pedir cuentas a sus presuntos representantes hasta la próxima cita electoral.

Desde este punto de vista, los representantes adquieren un poder que va más allá de la representación. Su condición es más bien la de "comisarios", dotados de un poder propio, distinto del poder de los ciudadanos que los eligen. En realidad, esta tarea de comisarios no es ejercida individualmente por cada uno de los "representantes" elegidos, sino de manera colectiva por sus partidos. Diversos mecanismos, como la ausencia de proporcionalidad en las elecciones o el control del aparato legislativo y judicial por los partidos, evitan que éstos hayan de dar cuenta a los ciudadanos que los eligen. Una vez que los partidos son confirmados por las urnas, su comportamiento obedece a dinamismos distintos de los intereses de los ciudadanos. Los políticos tienen sus intereses propios, incluso corporativos, que los conducen a aumentarse por su cuenta los salarios, o a amnistiar los crímenes cometidos por ellos mismos. Además, los políticos han de dar cuenta diariamente a aquellos que financian sus partidos, o a aquellos que, desde los medios de comunicación, pueden decidir sobre su popularidad o impopularidad. No sólo esto. La bolsa, por ejemplo, envía a los políticos cada día señales en las que se muestra la aceptación que sus políticas reciben de los inversores. De este modo, son éstos, y no los ciudadanos, los que supervisan cotidianamente la actividad de los políticos.

Cuando los socialistas hablaban de "dictadura del proletariado", lo que querían decir era precisamente que las democracias formales eran, en realidad, dictaduras de los capitalistas, y que en el futuro régimen socialista esta situación cambiaría. El cambio consistiría en que, en lugar de ser una minoría la que gobernara, serían más bien los trabajadores ("proletarios") los que ejercerían el poder. El presupuesto tácito era que el socialismo se instauraría en sociedades donde los trabajadores asalariados serían ya la mayor parte de la población. En este sentido de un gobierno de la mayoría, la llamada "dictadura del proletariado" no se oponía en principio a la existencia de métodos democráticos de gobierno, ni a las libertades cívicas fundamentales. Ahora bien, la historia del socialismo ha mostrado otro uso de la expresión "dictadura del proletariado". Se trata del uso que se generalizó en los países socialistas de corte soviético, caracterizados por la ausencia de democracia y de libertades civiles. Obviamente, en esos países el gobierno no era ejercido por la mayoría de la población, ni tampoco por los trabajadores, sino por las elites del partido. Y, de hecho, la expresión "dictadura del proletariado" está ya indefectible unida a esos regímenes dictatoriales, y difícilmente se le puede atribuir ningún sentido positivo.

La democracia económica se diferencia radicalmente de todo esto. Por una parte, la democracia económica es compatible con las instituciones básicas de la democracia formal, como son la elección de los representantes en una asamblea, mediante el voto libre, directo y secreto. La elección de los representantes no tendrá que estar tan filtrada como en las democracias que surgen en un contexto capitalista, porque los políticos no tendrán que ser limitados y controlados por los propietarios de los medios de producción. En este sentido, en la democracia económica habrá mucho más espacio para las consultas directas a la población sobre temas de importancia, para "desempaquetar" los diversos asuntos que se aglutinan en los programas de los partidos políticos, para vincular a los representantes más directamente con sus electores, para respetar la proporcionalidad en la representación, o para independizar a los poderes judicial y legislativo del control de los partidos políticos. La democracia económica podrá hacer gala de mayor democracia formal que las democracias capitalistas y que las dictaduras que surgieron en el contexto del capitalismo del siglo XX.

Ahora bien, lo decisivo de la propuesta de Schweickart es que en ella la democracia se amplía a la vida económica, en dos aspectos decisivos: por un lado, la inversión es gestionada de un modo democrático, aunque en esta gestión democrática quedan incorporadas las decisiones individuales de los bancos y de las empresas cooperativas. En segundo lugar, la democracia se extiende al lugar de trabajo y, de este modo, a la vida cotidiana de los individuos. Esto implica un aumento decisivo de la democracia, y significaría sin duda la aparición de una verdadera novedad en la historia de la humanidad. A diferencia del capitalismo, la economía sería sometida a un control democrático real. A diferencia del socialismo real, el poder no estaría concentrado en una elite planificadora que tiene capacidad de decidir sobre toda la economía, sino que habría una efectiva dispersión de los poderes, también en el campo económico. Las decisiones no serían tomadas por una agencia central con capacidad de decidir sobre todos los aspectos de la actividad económica, sino que tendríamos una pluralidad de agentes (empresas, bancos) con su propio margen de decisión en el campo económico. Esta dispersión del poder en el ámbito económico sería una verdadera garantía para la pervivencia de la democracia.

4. La transición

La transición a un régimen social distinto del capitalismo fue pensada, especialmente en el contexto del socialismo de inspiración soviética, como un proceso que se pondría en marcha a partir de la toma del poder político en un estado nacional. Para llegar a esa toma del poder político, era necesaria la existencia de un partido político, altamente disciplinado, dispuesto a alcanzar el poder por los medios que fueran, democráticos o no.

Evidentemente, la democracia económica requiere, por su propia índole, de una transición democrática. Y esta transición puede pensarse también a partir de la toma del poder político de unas fuerzas progresistas con el suficiente consenso para llevar a cabo los cambios requeridos. David Schweickart sugiere que estos cambios podrían llevarse a cabo sin grandes alteraciones en el funcionamiento cotidiano de una sociedad. Simplemente, el nuevo gobierno tendría que emitir cuatro decretos con las siguientes medidas: (1) La abolición de las obligaciones de las empresas de pagar intereses o dividendos a los individuos o instituciones privadas. (2) La declaración de que la única autoridad legal sobre todas las empresas con más de un número determinado de empleados reside en los trabajadores, según principios democráticos. (3) La introducción de un impuesto sobre el capital de las empresas, cuyo monto irá a parar al fondo social de inversión. (4) La nacionalización de los bancos, que pasarán a administrar los fondos de inversión, según las distintas posibilidades mencionadas más arriba.

Estas medidas no impiden que continúe el funcionamiento cotidiano de las empresas y, en general, de la economía. Al día siguiente de la emisión de esos decretos, las personas seguirían yendo a sus lugares de trabajo, y haciendo su vida normal. Solamente sería necesario que las empresas comenzaran a organizarse democráticamente, y todo el sistema diseñado por Schweickart podría comenzar a funcionar. Los verdaderamente afectados por estos cambios serían aquellos que viven de la propiedad privada de los medios de producción. Sus acciones carecerían ahora de valor. Esto incluye a aquellos ahorradores que han ido comprando acciones para asegurarse una jubilación. Para hacer esta transición más llevadera a estos ahorradores y, en general, para evitar grandes conflictos con los propietarios de los medios de producción, Schweickart ha propuesto que la sociedad podría concederles algún tipo de compensación, en forma de unos generosos honorarios que podrían seguir recibiendo durante una o dos generaciones. Esto no implicaría un coste nuevo para la sociedad, pues de hecho este pago de rentas a los propietarios de los medios de producción es lo que tiene lugar habitualmente en el capitalismo.

Lo verdaderamente interesante de la propuesta de Schweickart no está solamente en sus consideraciones sobre la toma del poder político en el estado nacional. Como aconteció en las transiciones del feudalismo hacia el capitalismo, los cambios decisivos hacia un modelo como el propuesto pueden comenzar a suceder mucho antes de que cambie el poder político en un estado. Y esto significa una gran diferencia con el socialismo de planificación centralizada, que solamente se podía realizar mediante el ejercicio del poder político en un estado. En cambio, en el caso de la "democracia económica", muchos de los cambios decisivos pueden comenzar a realizarse desde abajo y desde ahora. Todo lo que, en un contexto capitalista, conduzca a una mayor participación de los trabajadores en el ámbito productivo es sin duda ya un avance hacia una sociedad distinta, por más que esos cambios tengan lugar en un contexto todavía capitalista. Igualmente, todo lo que conduzca a un mayor control social de la producción significa un acercamiento hacia la democracia económica. Y esto es muy interesante en el sentido de que establece una convergencia entre los proyectos de "nueva economía popular" o "economía de la solidaridad" que han propuesto autores latinoamericanos como Aquiles Montoya o Luis Razeto. La "democracia económica" puede ser concebida como una especie de recurso orientativo para transformaciones que se pueden ir realizando desde ahora en un contexto capitalista.

No sólo eso. En un contexto capitalista puede haber gobiernos progresistas que, aunque no dispongan del consenso necesario para abandonar el sistema capitalista, sí pueden tomar medidas que favorezcan un acercamiento hacia un sistema distinto. Así, por ejemplo, un gobierno progresista podría proveer apoyo técnico y financiero para las cooperativas y para las empresas en las que haya un alto grado de participación de los trabajadores. Igualmente, podría apoyar medidas educativas que favorezcan la conciencia sobre la democratización de los lugares de trabajo. También podría desarrollar medidas legislativas y fiscales que favorezcan la participación de los trabajadores en la toma de decisiones de las empresas y la participación en los beneficios de las mismas, como de hecho ya sucede en alguna medida en varios países.

Al mismo tiempo, un gobierno progresista podría ir tomando ya medidas que favorezcan el control social de la inversión. Esto puede hacerse en numerosas direcciones, como la legislación medioambiental (que la misma teoría neoclásica admite), la regulación del flujo internacional de capitales, la democratización del sistema bancario (que pasaría a tener que dar cuentas ante el electorado), la democratización de los fondos de pensiones (de tal manera que los ahorradores tuvieran un control democrático sobre lo que se hace con sus fondos), o el desarrollo de un impuesto sobre el capital que sustituya al impuesto sobre el número de puestos de trabajo. También sería posible para gobiernos progresistas luchar por un orden económico internacional más justo, evitando los privilegios proteccionistas de los países más desarrollados, y el hecho de que los países que peor tratan a sus trabajadores sean favorecidos por los flujos de inversión internacional. Todo esto tendría que hacerse en el marco de una lucha por la democratización del orden político internacional, actualmente controlado por unos pocos.

Evidentemente, todas estas son medidas que se pueden tomar dentro del capitalismo, sin salir de ese régimen económico, pero que sirven de fundamento para futuras transformaciones. En realidad, toda lucha por una auténtica democracia favorece la transición hacia la "democracia económica", porque ayuda a ampliar el ámbito de la democracia desde los procesos electorales hacia las decisiones laborales y económicas que afectan cotidianamente nuestra vida. Para que en la futura democracia económica pueda haber una práctica de la democracia en el ámbito empresarial y en el control social de las inversiones es necesario comenzar a practicar la democracia desde el presente, tanto en la vida cotidiana como en la vida pública. Y esto incluye la reforma de los sistemas parlamentarios, favoreciendo una mayor participación popular en la forma de sistemas electorales verdaderamente proporcionales (que no distorsionen las verdaderas intenciones de la mayoría de la población), la realización de consultas populares, y la mayor revocabilidad de los representantes públicos por su electorado.

Estos cambios afectan también a las instituciones que se han propuesto contribuir al cambio social. La idea de que los únicos cambios posibles eran los que se realizaban con la toma del poder político en el estado nacional contribuyó a la forja de partidos y organizaciones altamente centralistas y verticales, cuyo única razón de ser era la llegada de la propia organización al gobierno o el apoyo de la llegada al gobierno de los grupos políticos que se consideraban más adecuados para iniciar una transformación de la vida social. Ahora bien, si el futuro sistema económico y social se va a caracterizar por una democracia que llega a la vida cotidiana, entonces poco sentido tienen en la lucha por el cambio las organizaciones de carácter vertical o dictatorial. Y esto afecta no sólo a partidos políticos, sino también a organizaciones no gubernamentales, iglesias, universidades, escuelas, etc., que de alguna manera quieran contribuir a una sociedad distinta. Si la transformación posible apunta a una verdadera democracia económica, esas instituciones tienen que convencerse de que nada efectivo podrán hacer a la larga sin que ellas mismas sean internamente transformadas de manera democrática.

Esto afecta también a la capacidad de los movimientos progresistas de trabajar de manera conjunta y coordinada. El paso definitivo a la democracia económica requiere un gran consenso social que vaya más allá de los intereses de un determinado partido político. En el *Manifiesto comunista* Marx decía que "los comunistas no comprenden un partido político separado de otros partidos políticos de la clase trabajadora. Ellos no tienen intereses separados de aquellos del proletariado en su conjunto. Ellos no proponen principios sectarios propios para configurar y moldear el movimiento proletario". Lamentablemente, una gran parte de la historia de los partidos y organizaciones progresistas muestra más bien todo lo contrario. Tal vez ha llegado la hora de abandonar todos los sectarismos del pasado, y comenzar a pensar en un verdadero avance hacia una sociedad que no será capitalista, precisamente porque será diversa y democrática.

VIII. LA CUESTIÓN DE LA RELIGIÓN

Una de las libertades que con frecuencia fue maltratada en el socialismo del siglo XX fue la libertad religiosa. Esto no fue una característica exclusiva del marxismo del siglo pasado, sino que el marxismo continuó la tendencia del Antiguo Régimen a proscribir todas las religiones de un determinado territorio, con exclusión de la religión oficial. La diferencia más significativa es que, en el caso del marxismo, la religión estatal fue sustituida por una filosofía que se proclamaba a sí misma como científica, al tiempo que se declaraba indeseable toda otra visión del mundo. Esto nos conduce a varias preguntas: podemos indagar, en primer lugar, la posición originaria del socialismo ante la religión. Para avanzar en esta cuestión hemos de cuestionarnos qué entendemos en último término por religión. Entonces podremos preguntarnos por qué la religión (o sus equivalentes secularizados) tienden a cumplir una función ideológica, a veces unida al rechazo de toda otra visión del mundo. Finalmente, podemos preguntarnos también si la crítica de la religión afecta al cristianismo.

1. La crítica originaria de Marx a la religión

Es conocida la famosa frase de Marx sobre el "opio del pueblo". Se trata de un texto que aparece en su *Contribución a la crítica de la filosofía del derecho de Hegel,* y en el que podemos leer que "la inquietud religiosa es al mismo tiempo la expresión del sufrimiento real y una protesta contra el sufrimiento real. La religión es la queja de la criatura oprimida, el corazón de un mundo sin corazón y el alma de un estado de cosas desalmado. Es el opio del pueblo".

Aunque la comparación de la religión con el opio no es original de Marx, sino que había aparecido antes en algunos autores ilustrados, sí podemos afirmar que en el texto citado de Marx se hace patente su peculiar punto de vista sobre la cuestión que nos ocupa. Marx no hace alusión primeramente a la relación legitimadora que la religión puede tener con determinadas instituciones sociales, declarándolas como queridas por Dios. Este tipo de legitimaciones, que declara el orden social instituido por los dioses, ya había sido criticado por la Ilustración, y no aparece en primer plano en el texto de Marx. Tampoco aparece en primer plano del texto la crítica, de origen hegeliano, y que había desarrollado Feuerbach, según la cual la religión consistiría en una alienación en la cual el género humano proyecta fuera de sí sus propiedades más nobles, como la bondad, la inteligencia, el poder, etc. El texto de Marx pone su énfasis allí donde hemos visto que está la raíz de su pensamiento: en la praxis viva, en los individuos concretos, en el sufrimiento de la criatura oprimida.

Desde este punto de vista, no cabe duda de que aquí tenemos ante todo una cierta *simpatía* hacia la religión. La religión constituye, según Marx, la expresión de un sufrimiento y la protesta contra ese sufrimiento. Y desde luego, Marx entiende que se trata de un sufrimiento auténtico, propio de los individuos vivos, oprimidos por sistemas sociales inhumanos. Nada hay de falso en ese sufrimiento, y nada hay de extraño en que ese sufrimiento se exprese. No sólo eso. La religión, dice Marx, no sólo es una expresión, sino también una protesta. Y esto significa reconocer que la religión no tiene por qué cumplir únicamente funciones de legitimación. Como bien muestra la historia, la protesta religiosa puede ser todo lo contrario de una legitimación. Ya Engels observaba que fueron precisamente las iglesias libres inglesas las que cumplieron una función progresista y revolucionaria frente al materialismo de un absolutista como Hobbes. La crítica de Marx a la religión no se refiere, por tanto, a todo lo que ésta pueda tener de expresión y de protesta contra el sufrimiento. Para Marx, la dificultad con la religión estaría solamente en el hecho de que ese sufrimiento y esa protesta no se expresan por los canales que él consideraba más adecuados, que serían la crítica del capitalismo y la práctica revolucionaria.

A lo largo de la historia no faltaron algunos marxistas, especialmente entre los pensadores más originales, que cayeron en la cuenta de una importante paradoja en las concepciones del marxismo oficial respecto a la religión. Así, por ejemplo, Rosa Luxemburgo, al criticar a las iglesias establecidas ("históricas") de su tiempo, subrayaba que los socialistas eran más fieles que los cristianos de su tiempo a los principios originales del cristianismo. Del mismo modo, Antonio Gramsci valoraba la influencia recibida de Charles Péguy en su juventud, y contraponía su mística de la justicia a los "vulgares políticos materialistas". Algo semejante sucedía con Mariátegui, quien encomiaba la mística de los socialistas frente al "racionalismo de los intelectuales burgueses".

Y esto nos pone ante una cuestión que necesariamente nos viene apareciendo a lo largo de estas páginas: el pensamiento de Marx apela también a la criatura oprimida, al sufrimiento real de los trabajadores vivientes, descubriendo ahí la originalidad y la dignidad de una praxis viva que no puede ser reducida a cosa. Y en esto se da una extraña confluencia entre las intenciones originarias de Marx y algo que, según su propia percepción, caracteriza a lo religioso. Como hemos dicho, en las páginas de *El Capital*, supuestamente provenientes de un Marx "maduro" y "científico", aparecen frecuentemente los trabajadores de su tiempo, mencionados con su nombre y apellidos, de los que se relatan sus sufrimientos concretos. Y comenta Michel Henry que es indudable que Marx se consideró a sí mismo como ateo, pero que una cosa es lo que alguien piensa de sí, y otra cosa es lo que alguien es verdaderamente. Y añade Henry que, por esta consideración de la vida humana concreta, que diferencia a Marx de la tradición filosófica occidental, habría que decir que Marx es uno de los primeros pensadores cristianos de Occidente.

Por otra parte, también cabe observar que existe (¡y existe cada vez más en el mundo actual!) una concepción meramente material del ser humano que, lejos de ser revolucionaria, es precisamente la que legitima sin dificultades la reducción de la praxis viva a meros "recursos humanos" cosificados, que pueden ser utilizados como simples realidades objetivas dentro del gran engranaje del sistema de producción capitalista. No sólo eso: también en un contexto marxista fue posible reducir a las personas vivas a meros momentos de grandes constructos teóricos, como la sociedad o la historia, y de este modo también justificar su manipulación y su opresión en contextos presuntamente revolucionarios. Y, en este punto, precisamente el materialismo cumplía y sigue cumpliendo con frecuencia el papel legitimador que frecuentemente se le atribuye a la religión. De hecho, no cabe duda que la religión, con harta frecuencia, cumple funciones legitimadoras. Estas paradójicas dimensiones de la religión nos invitan a preguntarnos cuál es su índole propia.

2. Praxis humana y religión

Todo nuestro estudio nos ha puesto ante una dimensión esencial de la praxis humana. La praxis está integrada por actos, y los actos se caracterizan por ser un surgir de las cosas. La praxis humana es el amplio y multiforme surgir de las cosas. En este sentido, como hemos dicho, los actos nunca pueden ser considerados como cosas: a diferencia de las cosas, que son el término de los actos, lo que surge en ellos, los actos no surgen, porque son el surgir mismo de las cosas. Y esta irreductibilidad de la praxis a las cosas se opone a todos los intentos de objetivarla o sustantivarla que aparecen en la historia del pensamiento. Las estructuras sociales no son una realidad social, sino procesos. La historia no es realidad histórica, sino actividad, praxis. La praxis, sin duda, es inseparable de las cosas, porque los actos son el surgir de las mismas. Por eso la sociedad y la historia tienen lugar entre cosas, pero sin embargo no se dejan reducir a ellas.

Desde este punto de vista, cualquier fundamentación de la ética no puede pasar por alto este ámbito esencial por el que la praxis humana se diferencia radicalmente de las cosas, aunque sea inseparable de las mismas. Para fundamentar la ética no basta con hablar de bienes y males elementales, en el sentido de lo inmediatamente dado en nuestra praxis. Para fundamentar la ética no basta tampoco con mostrar que los bienes y males elementales tienen que ser discernidos y estructurados en una "moral concreta", socialmente vigente. Tampoco basta con mostrar que, en determinado momento, la actividad racional requiere transcender nuestros intereses y nuestra moral concreta, para ponerlos en el mismo nivel de los intereses y la moral concreta de los demás.

Todas estas dimensiones fueron estudiadas en *Estructuras de la praxis*. Pero, además de todo esto, la fundamentación de la ética requiere determinar quienes son exactamente "los demás". Y aquí no basta con indicar que la percepción de quiénes son verdaderamente personas humanas ha ido variando culturalmente a lo largo de la historia, hasta finalmente captar que todos los seres humanos deben ser integrados en nuestras consideraciones éticas. Lo decisivo es mostrar si esas variaciones llevan o no a una comprensión correcta de quiénes son verdaderamente agentes éticos, en pie de igualdad con los demás. Para hacer esto hay que mostrar entonces que, antes de todo bien y mal elemental, antes de toda moral concreta, y antes de todo razonamiento ético, hay "algo" que es la condición de posibilidad de los mismos, y que es precisamente un "alguien", es decir, una persona, un acontecer carnal de una praxis viva. En ese acontecer carnal surgen los bienes y males elementales, en ese acontecer carnal se constituyen las morales concretas, y en ese acontecer carnal transcurren los razonamientos éticos.

Este descubrimiento de la irreductibilidad de la persona humana a las cosas no necesita por sí mismo una referencia a la religión. En cierto modo, podemos decir más bien lo contrario: la religión puede comenzar siendo una objetivación o sustantivación de la índole esencial de la praxis humana, equiparándola con las cosas. Recordemos lo que dijimos páginas atrás. Una manera especialmente eficaz de sustantivar la praxis humana es reducirla a sus resultados. Ya mencionábamos como en las tradiciones religiosas aparece la protesta contra esta sustantivación de la praxis humana: aludíamos en concreto al *Bhagavad-Gita* y al libro del Génesis como textos en los que aparece explícitamente la prohibición de comer de los frutos de nuestras acciones. Sin embargo, lo que encontramos en las religiones es con mucha frecuencia todo lo contrario: las religiones pueden decir precisamente que el ser humano se mide delante de los dioses según cuales sean los resultados de sus acciones. Es la idea de que, haciendo determinadas cosas, al ser humano le irá bien, mientras que haciendo otras cosas, se encontrará con todo tipo de dificultades. Los dioses bendecirán cierto tipo de comportamientos y castigarán otros.

Desde este punto de vista, la religión no se diferencia especialmente de otros poderes sociales. Como ya vimos, los poderes sociales son precisamente poderes porque afirman que, haciendo determinadas cosas, obtendremos ciertos resultados, mientras que haciendo otras cosas, nos irá mal. El mercado nos dice que respetando ciertas leyes obtendremos beneficios, y el estado nos asegura que, si violamos ciertas normas, puede castigarnos o incluso ejecutarnos. De este modo, ciertas instituciones sociales, que no son propiamente reales, son consideradas de modo "fetichista" como dotadas de realidad propia, independiente de los procesos sociales en los que surgen. Pero entonces, ¿qué añade lo religioso a este tipo de legitimación? Podemos decir que lo que añade la religión es precisamente la idea de un garante o garantes que cumplen la tarea de asegurar el funcionamiento de esas correspondencias entre la acción humana y sus resultados. Los seres divinos o, en general, el orden religioso de un universo divinizado cumplen precisamente la función de asegurar que existe una correspondencia entre la acción humana y sus resultados.

Como es sabido, la etimología de "religión" es disputada. Una posibilidad sería derivarla de *relegere*, en el sentido de un leer con especial cuidado los textos sagrados. Otra posibilidad es *religare*, un re-atar. Desde este punto de vista, la religión consistiría en una "re-ligación". De hecho, la objetivación de la praxis en función de sus resultados consiste en una vinculación (ligazón) de la praxis a los poderes que pretenden vincularla a sus resultados. Esta ligazón se convierte en una "re-ligazón" cuando esos poderes apelan a unos garantes que sostienen la correspondencia entre la acción y sus resultados. Los dioses se convierten así en aquellas instancias que garantizan el funcionamiento de lo que los diversos poderes prometen: a quienes actúan según sus decretos les irá bien y a quienes los contravienen les irá mal. Los distintos poderes sociales quedan de este modo garantizados por unos poderes más profundos, que sostienen el carácter inexorable de las instituciones sociales.

Estos garantes más profundos de la correspondencia entre la acción y sus resultados tienen normalmente un carácter explícitamente divino. Sin embargo, pueden también adquirir formas más seculares, bajo el manto de estructuras metafísicas que garantizan que, en último término, quienes actúan "bien" (según los criterios de los poderes de turno) les irá bien, y a quienes actúan "mal", les irá mal. En esta manera, la religión como "religazón" cumple una función legitimadora de gran magnitud. No es la legitimación "superficial" de declarar como "querido por los dioses" a cierto gobernante o a cierto sistema social. Es la legitimación más profunda, que subyace a toda otra, y que consiste en asegurar que a quienes les va bien es porque, en el fondo, se lo merecen, del mismo modo que a quienes les va mal también se encuentran con lo que se han buscado. Como nos decía el mencionado Antón

Costas, la declaración de la víctima como culpable, y el ensalzamiento de los triunfadores como merecedores de su destino es la principal ideología legitimadora de las diferencias sociales en nuestro mundo. Una ideología que, por supuesto, también conoce formas seculares. No en vano el cine repite incansablemente que los "buenos" finalmente tienen éxito y los "malos" finalmente son castigados.

Desde este punto de vista, no sólo adquiere su lugar más radical la crítica a la religión como *legitimación*, sino que también otras críticas se hacen comprensibles. La constitución de distintos poderes que "ligan" la praxis humana mediante pretendidas correspondencias entre la acción humana y sus resultados puede considerarse como una *proyección*. No se trata de un presunto "género humano" proyectando fuera de sí sus mejores cualidades, sino simplemente de la constitución de poderes distintos de la praxis humana, que pretenden orientarla según la correspondencia entre la acción humana y sus resultados. No sólo eso. La función de la religión como *consolación* también se entiende desde esta correspondencia entre la acción humana y sus resultados. Las religiones pueden asegurar, a quienes se consideran víctimas inocentes, que su sufrimiento es pasajero y que más adelante, en esta vida o en otra, recibirán una compensación por el sufrimiento experimentado, al tiempo que los malvados serán castigados. Finalmente, en este esquema también es posible integrar la crítica de Nietzsche a la religión desde el punto de vista del resentimiento, pues la correspondencia entre la acción y sus resultados permite al resentido esperar el castigo de sus enemigos.

Ahora bien, en las religiones no sólo aparece este "principio retributivo", que objetiva y justifica a las acciones en función de sus resultados. También hemos visto que en las religiones aparece la protesta clara contra ese principio, como señalamos a propósito del *Bhagavad-Gita* y del libro del Génesis, donde se nos advierte que no hemos de pretender alimentarnos de los frutos de nuestras acciones. Evidentemente, esta advertencia tiene un sentido liberador de aquellos poderes que nos prometen el bien si hacemos aquello que ellos nos dictan. Si queremos conservar el nombre "religión" para aquellas dimensiones que nos "re-ligan" a los poderes de este mundo, habría que decir que, al menos en algunas religiones, aparecen claramente elementos "des-ligadores" y, en este sentido, no religiosos. Esos elementos liberadores no nos dicen que las acciones humanas no tengan consecuencias. Por supuesto, el análisis de las consecuencias de las acciones nos sirve para optar de manera responsable. La dificultad está en la utilización de estas consecuencias como aquello que justifica la praxis viva como tal. Si la praxis se reduce a sus resultados, la vida humana se equipara a las cosas que produce. El problema no está, por tanto, en tener en cuenta los resultados de la acción, sino en lo que los mencionados textos expresan con la bella metáfora de comerse esos resultados. Dicho en otros términos: el problema aparece cuando el ser humano se justifica a sí mismo por los resultados de sus acciones. Entonces el ser humano se reduce a sí mismo y a los demás a las cosas que produce. Y entonces pierde su carácter personal, y con ello la base de toda ética.

Inversamente, habría que decir también que en contextos no religiosos nos encontramos también con poderes que prometen una correspondencia entre la acción y sus resultados. Pensemos, por ejemplo, en el marxismo soviético: su concepción determinista de la historia servía para asegurar que aquéllos que se entregaban a las luchas revolucionarias obtendrían finalmente el éxito. Inversamente, los contrarrevolucionarios serían finalmente derrotados. Ya hemos señalado cómo el marxismo soviético no sólo desfiguró las concepciones originales de Marx sobre la relevancia de la praxis viviente, sino que también cumplió una función ideológica al servicio de la legitimación del régimen establecido en la URSS y sus satélites. Ahora podemos entender que esa legitimación ideológica tenía en el fondo también una dimensión religiosa, pues podía apelar al principio retributivo, que establece una objetivación de la praxis humana en función de sus resultados. No es extraño, por tanto, que este tipo de regímenes desarrollaran manifestaciones muy semejantes a las tradicionalmente religiosas, incluyendo símbolos, fiestas, ídolos "revolucionarios", e incluso el llamado "culto a la personalidad". Y no es tampoco extraño que estos regímenes reprimieran las religiones concurrentes, no sólo por lo que ellas tenían de legitimación de otros regímenes sociales, sino también porque en ellas se expresaba el sufrimiento y el lamento de las criaturas oprimidas por las elites dirigentes del socialismo real.

3. Lo no religioso del judaísmo originario

Si entendemos la religión desde la "religación" a los poderes de este mundo, tenemos que afirmar que el judeo-cristianismo, en su sentido más originario, sí expresó el sufrimiento y las protestas de las criaturas oprimidas, pero no fue en realidad una religión. Todo lo contrario, en el cristianismo originario, desde sus raíces judías, encontramos más bien la protesta más radical contra cualquier religación del ser humano a los poderes naturales, sociales o históricos de este mundo. La afirmación del Génesis, que hemos venido citando hasta aquí, sobre la negativa a comer los frutos de las propias acciones no es en modo alguno una afirmación aislada, sino que surge del núcleo fundamental de una experiencia que se opone a la objetivación o sustantivación de la praxis viviente, que no es otra cosa que la reducción de la persona humana a una cosa.

Esa experiencia fundamental comienza siendo precisamente la experiencia del Éxodo, es decir, la experiencia de la liberación de unas criaturas oprimidas como esclavos en Egipto. Démonos cuenta de la profunda unidad y coherencia de los poderes dominantes en Egipto, donde la religión fundía en un solo sistema a los astros, al Nilo cuyas subidas eran regidas por la regularidad de los astros, a los ciclos agrarios de los que provenía la riqueza del imperio, a los dioses egipcios, identificados con esos astros y con esas regularidades de la naturaleza, al faraón descendiente de los dioses, y al sistema sacerdotal que daba sentido al conjunto del sistema. Bajo esa profunda unidad milenaria, cuyas regularidades expresaban perfectamente las retribuciones a la conducta justa, a la fidelidad política y al culto religioso, vivían miles de esclavos, algunos de ellos descendientes de Jacob-Israel, entre quienes se inició una experiencia distinta de la Divinidad, cuya culminación está recogida en los escritos bíblicos que integran la Torah o Pentateuco.

¿Qué experiencia fue esa? Fue la experiencia de un Dios que no sólo ha de escribirse con mayúscula, sino de un Dios cuyo nombre en el fondo es impronunciable, y cuyo acontecer es irrepresentable, porque se trata de un Dios que no formaba parte del sistema de los poderes imperiales, en el que estaban integrados los dioses de Egipto. Es la experiencia de un Dios Insurgente, pues no surge entre las cosas del mundo, y no puede por tanto ser representado como una cosa. Un Dios que, precisamente por estar situado más allá de todos los dioses, poderes, faraones, y maravillas de la naturaleza, era capaz de liberar a los oprimidos de todo el sistema imperial, y de conducirlos a la libertad. La idea de Dios como Creador no tiene su origen en una especulación filosófica sobre la causa primera (aunque pueda ulteriormente derivar en esto), sino que procede de la experiencia de un Dios que está situado más allá de todos los poderes del mundo, y que precisamente por ello puede llamar al ser humano a la libertad respecto a todos esos poderes. Todas las disquisiciones sobre la autoría mosaica del Pentateuco tienen un hilo de verdad esencial en un aspecto decisivo: la experiencia del Dios del Éxodo está indisolublemente unida a la experiencia de Dios como señor de todos los poderes naturales, sociales e históricos, y por tanto a la experiencia de Dios como Creador de los cielos y de la tierra.

No sólo eso. La idea de un ser humano creado "a imagen y semejanza" del Dios Insurgente enlaza precisamente con la experiencia de una liberación que afecta, no sólo a los descendientes de Israel, sino a la multitud de oprimidos que con ellos emprendieron el camino hacia la libertad (Ex 12,37-38). Y es que, del mismo modo que el verdadero Dios no forma parte de los poderes de este mundo, y de los imperios con los que se hallan entrelazados, el ser humano tampoco es alguien que ha sido creado para estar sometido a esos poderes. Así como Dios es soberanamente libre, el ser humano ha sido creado para la libertad, y esa libertad acontece precisamente allí donde el ser humano sigue a ese Dios, y no a los poderes que rigen este mundo. Así como Dios es distinto de todas las cosas y de todos los poderes de este mundo, y Señor de ellos, igualmente los seres humanos, varones y mujeres, han sido creados para ser libres de esos poderes, y regir sobre ellos. De ahí precisamente la prohibición de confundir idolátricamente a Dios con las cosas. Y de ahí precisamente también la prohibición de reducir la praxis viva del ser humano a sus resultados. El Dios vivo es un Dios de vivos, el Dios Insurgente es el Dios de un pueblo libre de hermanos y hermanas, que entran en pacto con Él al ser liberados de los poderes opresores de este mundo.

En ese pacto se expresará una tesis central: Dios es el Rey del pueblo liberado. Esta soberanía o reinado de Dios no es exclusiva en un sentido: el pueblo liberado no es más que el inicio de una liberación de toda la humanidad, que abandonará finalmente a los poderes de este mundo, y se incorporará finalmente al reinado de Dios. Pero, en otro sentido, se trata de una soberanía radicalmente exclusiva: si Dios reina, ningún otro puede reinar. Si Dios reina, es que el faraón ya no reina. Si Dios reina, no tendrá mucho sentido que haya reyes en Israel. Del mismo modo, como dirá el libro del Levítico, si Dios es amo exclusivo, tampoco tiene mucho sentido que haya esclavos en Israel. La afirmación de la soberanía de Dios implica el diseño, en el pacto mosaico, de una sociedad altamente fraterna, en la que no se repetirán las injusticias de Egipto. De ahí toda una serie de previsiones, ya conocidas, de la Torah hebrea: el perdón periódico de las deudas, la liberación periódica de los que hayan contraído esclavitud por deudas, la vuelta a las tierras originarias cada 49 años, los primeros impuestos sociales de la historia de la humanidad, destinados a los huérfanos y a las viudas, etc.

Aquí nos encontramos algo muy distinto del modo platónico, y en definitiva occidental, de pensar. Desde un punto de vista platónico, los modelos arquetípicos en el cielo legitiman sus réplicas sensibles en el mundo. Por eso, si Dios es rey, los reyes de la tierra son sus imágenes, y quedan legitimados de este modo. Si Dios es amo, los amos están legitimados. Si Dios es padre, el patriarcalismo está legitimado. La tendencia profunda de la mente hebrea va en la dirección opuesta: si Dios es rey, y si el ser humano está creado para una relación directa con él, no tiene mucho sentido que haya otros reyes. Si Dios es amo, no tiene mucho sentido que haya amos. Si Dios es padre, como subrayará Jesús, no tiene mucho sentido llamar a nadie padre. Los libros de los Jueces y de Samuel conservan la memoria sobre las dificultades de legitimar la conversión de Israel en un estado, con la introducción de la monarquía. Los libros proféticos culparán principalmente a los monarcas de las catástrofes sufridas por el pueblo de Dios. El carácter "celoso" de Dios no expresa la proyección de un problema psicológico, sino la experiencia del Dios del Éxodo como un Dios liberador, que no admite la opresión de un ser humano por otro. El ser humano ha sido creado para formar parte fraternalmente de un pueblo libre, en el que no se repita la dominación de unos seres humanos por otros.

Esto mismo puede decirse de la violencia. El Rey de Israel es también el "Señor de los ejércitos". Frecuentemente se habla de la violencia del "Antiguo Testamento", como si algo radical lo separara del mensaje no violento de Jesús. Sin embargo, hay una continuidad estricta entre ambos. Volvamos a la experiencia fundamental: la liberación del imperio egipcio tuvo lugar sin que los israelitas tuvieran que usar en ningún momento sus armas. De ahí la convicción, expresada repetidamente en la Biblia hebrea, de que "el Señor pelea las batallas de su pueblo". Si el Señor pelea esas batallas, el pueblo no tiene que vivir preocupado por la guerra. La historia de Gedeón, en el libro de los Jueces, muestra la estructura fundamental de esta experiencia: Gedeón es instado repetidamente por Dios a reducir su ejército, antes de pelear con los madianitas, porque de lo contrario pensarán que han vencido por sus propias fuerzas. Al final, Gedeón combate con sólo trescientos hombres. Del mismo modo, la legislación del Deuteronomio prevé que Israel limite unilateralmente su ejército. Evidentemente, el proceso de confianza en Dios y de correlativa reducción del ejército puede llevarse hasta el límite, como hará Jesús de Nazaret, al diseñar un Israel no violento. De nuevo nos encontramos con lo más opuesto al platonismo: el Dios de los ejércitos no legitima la existencia de ejércitos, sino que la cuestiona.

La historia de Israel es una historia de infidelidad a su mandato de ser un pueblo distinto, fiel al Dios vivo, en el que no se repitieran las injusticias sufridas en Egipto, para así desencadenar una peregrinación de las naciones para sumarse a esta sociedad alternativa. Israel cayó repetidamente en un pecado que tiene dos caras: la idolatría (objetivación de Dios) y la opresión social (objetivación del ser humano), y este pecado es el que, en general, caracteriza siempre al paganismo. Y la mera existencia de este doble pecado muestra que el principio retributivo nunca desapareció plenamente de Israel, como bien lo muestra la pervivencia del culto sacrificial, o la misma interpretación de su propia recaída en manos de los consecutivos imperios (Asiria, Babilonia), como un castigo de Dios. Aunque, más que de un castigo, se trataba más bien de una retirada de Dios, que dejaba de proteger al pueblo que lo había rechazado flagrantemente. En cualquier caso, la experiencia de un Dios que, por transcendente, está más allá del principio retributivo, dejaba abierta la puerta para la esperanza. Una esperanza que el libro de Daniel formuló con una interpretación de la historia humana, que aparece regida por sucesivos imperios "bestiales" (representados por bestias), pero que finalmente dará lugar a la re-instauración del reinado de Dios. Un reinado que en esta ocasión alcanzará a todas las naciones de la tierra, y que no tendrá fin.

4. Lo anti-religioso del cristianismo originario

Podríamos decir que la actividad de Jesús, tal como nos es conocida a través de los evangelios, se caracterizó por un distanciamiento radical del principio retributivo, tanto en el mensaje anunciado como en su práctica liberadora. Pensemos en el núcleo central de su mensaje: "el reinado de Dios se ha acercado". Para los judíos de su tiempo, la ausencia del reinado de Dios (y la presencia opresiva del reinado de Roma, de Herodes, y otras gentes semejantes) significaba, desde el punto de vista del principio retributivo, que el pueblo se encontraba todavía en sus pecados, y que estos pecados aún no habían sido perdonados. Para obtener el perdón, había que recurrir al sistema sacrificial (basado en el principio retribuitivo) del Templo de Jerusalén. En cambio, proclamar la venida gratuita del reinado de Dios significaba anunciar el perdón de los pecados. Se trataba de términos equivalentes. El perdón de los pecados no era algo meramente individual y destinado a que las personas más adelante pudieran ir al cielo. El perdón de los pecados significaba que Dios había decidido liberar a su pueblo para volver a reinar sobre él.

Evidentemente, cualquier acto de perdón es una ruptura del principio retributivo. Jesús interpretaba el perdón gratuito de Dios como el desencadenante para que las personas también pudieran perdonar a otros. Por eso exhortaba, no sólo al perdón de las ofensas, sino al perdón de las deudas. El endeudamiento era precisamente lo que permitía que los campesinos fueran perdiendo progresivamente sus tierras y las fueran entregando a los terratenientes, vinculados a los herodianos o a las familias sacerdotales. Este perdón no era un elemento aislado del proyecto de Jesús. Al contrario: Jesús invitaba a sus seguidores a entrar en una comunidad amplia, donde no sólo se perdonaban las deudas, sino que también se compartían los bienes, haciéndose así visible el reinar de Dios sobre su pueblo. Los que querían seguirle no se convertían en monjes, sino que entraban en una comunidad fraterna, en la que nadie era llamado "padre" más que Dios, y donde cada uno recibía cien veces más de lo que había dejado para unirse al proyecto de Jesús.

Incluso las mujeres, normalmente relegadas en la sociedad judía de aquel tiempo, eran admitidas en el seguimiento de Jesús, y podían participar en la mesa fraterna en la que se expresaba la igualdad fundamental del reinado de Dios. Las comidas compartidas, en el tiempo de Jesús, expresaban la pertenencia a un mismo grupo social. Por eso, uno invitaba preferentemente a los situados ligeramente por encima en la escala social, con la esperanza de ser invitados después por ellos, lo que en el fondo expresaba la vigencia del principio retributivo. Jesús anima, por el contrario, a invitar a quienes no pueden devolver la invitación: los pobres, los minusválidos, etc. La justicia de Dios no consiste en dar a cada uno según sus merecimientos, como pensaban los griegos, sino en cumplir con lo pactado. En la parábola de los trabajadores de la viña se muestra con meridiana claridad la diferencia entre ambos tipos de justicia. Los que llegan al final reciben lo mismo que los que han trabajado todo el día. Los primeros protestan diciendo que esto los hace a todos iguales, pero el dueño de la viña dice que él ha cumplido con lo pactado (Mt 20). La justicia de Dios, precisamente porque no se basa en los merecimientos, puede crear una comunidad de iguales.

Por cierto: nada extraño que Jesús describiera a Dios como un Padre o como un terrateniente. Esto no justificaba el patriarcado ni el latifundio en la tierra, sino todo lo contrario: si Dios es el verdadero terrateniente, como bien saben los israelitas, no tiene sentido que existan otros terratenientes. La tierra ha de volver a sus propietarios originarios periódicamente, de manera que en el pueblo de Dios no aparezcan grandes diferencias sociales. Cuando Jesús, ante una pregunta capciosa, anima a devolver a Dios lo que es de Dios, y a los romanos lo que pertenece a los romanos, pocas dudas quedaban para los contemporáneos sobre lo que Jesús quería decir: la tierra, y el pueblo entero, eran propiedad de Dios, y los dirigentes de Israel se habían apoderado de ellos. Los denarios que habría que devolver al César no eran un porcentaje de los denarios: todos ellos llevaban la imagen del César, y por tanto todos ellos habían de ser devueltos. Y esto significaba no sólo el pago de los impuestos, sino una estrategia radical de respuesta no violenta a las autoridades de Roma. No muy distinta de otras propuestas de Jesús.

Pensemos, por ejemplo, en la idea de acompañar una milla más a las tropas romanas invasoras. El ejército imperial imponía a los campesinos de las tierras ocupadas la obligación de cargar con los bártulos del ejército durante una milla. Pero, según Walter Wink, las normas militares romanas limitaban la posibilidad de obligar más allá de esa distancia. La situación es incómoda entonces para los militares: el campesino insiste en caminar una milla más, y el centurión tiene que insistir en que no lo haga... Algo semejante sucede cuando alguien, presionado por las deudas, es llevado a un tribunal, para que entregue una pieza de su ropa... La persona no sólo da la parte requerida de su indumentaria, sino que la entrega toda, quedándose desnudo ante el tribunal, y poniendo en evidencia la injusticia de su acreedor. Lo mismo pasa cuando alguien golpea en la mejilla derecha: en esa mejilla estamos ante el golpe despectivo de alguien que utiliza el envés de la mano. La puesta de la otra mejilla impide un nuevo golpe despectivo, y entonces invita, o a golpear con la mano completa, aumentando la violencia, o también a reflexionar sobre la propia opresión. En todos los casos, no se responde al opresor con su misma lógica, no se devuelve mal por mal, y de este modo se permite a los opresores reflexionar sobre la humanidad de la víctima, y sobre su propia humanidad.

También encaja con la ruptura del principio retributivo la renuncia de Jesús al estado. A pesar de que a lo largo de su vida Jesús fue interpretado como posible Mesías, Jesús renunció a ser entendido como un pretendiente monárquico. En el fondo, su anuncio del reinado de Dios no era compatible con una monarquía: Dios reinaría directamente sobre su pueblo. Mientras que los estados se caracterizan por el dominio y el afán de poder, Jesús diseñó un Israel caracterizado por el servicio mutuo. Su modelo no era el estatal, sino más bien el tribal: la elección de doce "enviados" alude a la situación pre-estatal de Israel, cuando todavía existían doce tribus con territorios discernibles, y sin monarca. De hecho, todo estado supone un monopolio de la violencia legítima en un determinado territorio. Por eso los estados encarnan ejemplarmente el principio retributivo, ya que su tarea consiste en devolver mal por mal, mientras que los cristianos son invitados a devolver bien por mal (Romanos 12-13). Frente a las aspiraciones monárquicas de tantos en su tiempo, revolucionarios y conservadores, Jesús inició en las comunidades de sus seguidores un Israel sin estado y, por tanto, sin Mesías.

En todos los casos, nos encontramos con una ruptura del principio retributivo. Pero esa ruptura llega a su cumbre en la muerte y resurrección de Jesús. Comencemos con la resurrección: prescindiendo de la fe de cada uno, no cabe duda que los primeros discípulos tuvieron experiencias que interpretaron como encuentros con el resucitado, cuya tumba estaba sorprendentemente vacía. El cristianismo primitivo interpretó la resurrección no sólo como el adelanto de una nueva era, sino como una entronización mesiánica. Ahora bien, no se trataba de una entronización en uno de los palacios de Jerusalén, sino de una entronización *celestial*. Y esto tenía una interesante consecuencia, porque en el cielo, para los judíos, no había más que un trono: el trono de Dios. Y por cierto se trataba de un trono al que nadie se podía agregar: ni ángeles, ni patriarcas, ni otra criatura alguna. Y ahora se afirma que el Mesías se encuentra sentado a la derecha del trono de Dios. Algunos textos, como los del Apocalipsis, se encargarán de precisar que se trata exactamente del mismo trono. Lo que se nos quiere decir con estas imágenes es que el resucitado ha sido declarado rey de Israel, y que su reinado es exactamente el mismo reinado que ejerce Dios.

En realidad, esta afirmación de los primeros cristianos implica una extraña continuidad con el mensaje y la actividad de Jesús. Y es que Jesús había evitado ser proclamado rey precisamente porque, desde su concepción hebrea, había proclamado a Dios como verdadero rey de Israel (eso es lo que significa el reino de Dios), haciendo innecesaria la existencia de otros reyes. Si Jesús hubiera aceptado una monarquía en Jerusalén, se habría convertido en algo así como un vicario del reinado de Dios, traicionando a su concepción no estatal del mismo, teniendo que recurrir a la violencia, y negando que Dios reinara directamente sobre su pueblo. Del mismo modo, si la comunidad cristiana hubiera interpretado su entronización simplemente como la constitución de una especie de ángel-mesías intermedio entre Dios y los hombres, encargado de reinar en nombre de Dios, esto hubiera significado también que Dios no ejercería el reinado directamente sobre su pueblo. De hecho, algunos grupos judeo-cristianos pensaron el mesiazgo de Jesús de esta manera. Pero, al hacerlo, no tuvieron más remedio que renunciar al reinado directo de Dios sobre su pueblo. Como bien se observa al comienzo de la carta a los Hebreos, solamente la afirmación de la identidad entre Dios y el Mesías mantenía la posibilidad de una fidelidad al mensaje de Jesús sobre el reinado directo de Dios sobre su pueblo.

La identidad entre Jesús y Dios comienza siendo entonces una identidad de actividad: ambos reinan o, dicho en otros términos: ambos comparten el mismo trono. Ahora bien, la actividad no es algo extraño a la esencia de las personas. Precisamente como hemos venido viendo hasta aquí, los actos constituyen el núcleo esencial de lo personal. La unidad de acto entre el reinar del Mesías resucitado y el reinar de Dios es la unidad de su misma esencia. Y esto está plagado de consecuencias. Ante todo, para la concepción del reinado de Dios y de su pueblo. La entronización mesiánica de Jesús significa entonces que, de acuerdo con sus palabras, el reinado de Dios ya ha llegado. El pueblo que acepta la soberanía del Mesías, es entonces el pueblo sobre el que Dios reina. La pertenencia a este pueblo ya no se realiza mediante la incorporación étnica a Israel, o mediante la asunción del viejo pacto en el Sinaí, sino mediante la adhesión personal al Mesías: es lo que afirma la tesis de la justificación por la fe. En ese pueblo mesiánico se comienzan entonces a realizar las promesas propias de la era mesiánica: las espadas se comienzan a convertir en arados, los bienes se comparten intensamente, la pobreza y la desigualdad desaparecen, y las naciones paganas se incorporan, por la adhesión al Mesías, al pueblo de Dios de los últimos tiempos.

¿Es esto posible sin la anulación definitiva del principio retributivo, que como vimos estaba en la raíz de toda opresión y desigualdad? En realidad, la afirmación de la identidad entre el Mesías y Dios tiene una consecuencia radical a este respecto: si el Mesías es Dios, quiere decir que Dios estaba en Jesús, a lo largo de toda su misión, y también en sus horas finales. Quiere esto entonces decir lo inaudito: Dios estuvo colgado en el madero de la cruz. No se trata de una afirmación para culpabilizar a nadie. Al contrario. Si Dios estaba en el Mesías, esto significa que el presunto garante de que a los buenos les vaya bien y a los malos les vaya mal estaba en la cruz, precisamente sufriendo el destino de los aparentemente rechazados por Dios. Dios sufrió el destino de los pecadores, de los fracasados, de los perdedores, de los abandonados por Dios. Dios sufrió el abandono de Dios. Y esto significa entonces que Dios ha anulado radicalmente el principio retributivo, desde su mismo interior, sufriendo el destino de aquéllos a los que ese principio proclama abandonados por Dios. La lógica interna de la retribución, de la manipulación, de la envidia, de la competencia, de la venganza, de la violencia, de los sacrificios, de la dominación, de la desconfianza, de la soberbia, de la auto-justificación, ha sido anulada radicalmente y para siempre. Y es justamente esto lo que hace posible una nueva humanidad: en la medida en que se cree lo que Dios ha hecho en el Mesías, en esa misma medida uno es liberado de la vana pretensión de comer de los frutos de las propias acciones. El principio máximo de objetivación de nuestra praxis ha sido anulado para siempre.

5. Cristianismo radical y socialismo

No cabe duda de que, a lo largo de su historia, una buena parte del cristianismo perdió su esencia mesiánica para convertirse de nuevo en religión. Un paso decisivo fue su conversión en religión oficial del imperio romano. Muchas cosas cambiaron con ello. La pertenencia al pueblo de Dios dejó de realizarse a través de una adhesión personal al Mesías, sino que se convirtió en cuestión de nacer en los territorios gobernados por el imperio. Es algo que se expresa específicamente en el bautismo de recién nacidos. El término "iglesia" dejó de designar a la comunidad de los que libremente se habían adherido al Mesías, y pasó a significar los edificios o los personajes sacerdotales que aparecieron entonces. El culto dejó de ser la aclamación espiritual de los actos liberadores de Dios y de su Mesías, para convertirse en un nuevo sistema sacrificial. El principio retributivo se introdujo masivamente en un sistema de sacramentos que garantizaban las correspondencias adecuadas entre las acciones religiosas y sus resultados. El platonismo sirvió para privar a la ética cristiana de múltiples dimensiones visibles, que ahora quedaron interiorizadas. De lo que se trataba ahora era simplemente de obtener el cielo después de la muerte, y esta obtención tenía lugar en virtud de un principio retributivo tan dominante que fue incluso necesario introducir el "purgatorio" para expresar situaciones intermedias en la adquisición de los méritos suficientes.

Ni que decir tiene que el compartir de los bienes, o el pacifismo radical, fueron abandonados. La religión del imperio tenía que legitimar las diferencias sociales en el imperio, y tenía que bendecir las guerras del imperio. Es algo que continuó en la misma manera con la reforma protestante del siglo XVI. Salvo en algunos pocos grupos radicales, las iglesias de la reforma siguieron siendo iglesias nacionales, aliadas con los poderosos de cada reino, y divididas según fronteras estatales. El principio retributivo ya no se mantuvo en la forma de un sistema sacramental y sacrificial, pero sí en virtud de una concepción de la salvación en términos claramente retributivos. La justicia de Dios fue interpretada, en forma griega y no bíblica, como la necesidad de castigar a alguien por sus culpas. Dios fue entendido de este modo como la máxima expresión del principio retributivo, que tenía que castigar a alguien, aunque fuera inocente, aunque fuera su propio Hijo, para satisfacer las exigencias de ese principio. De este modo, el principio retributivo se podía mantener en pie. Los perdedores fueron vistos entonces como los castigados por Dios, y los vencedores como los bendecidos por Él. Esta concepción fue tan exitosa, y estuvo tan ligada al auge del capitalismo, que se trasladó también a la mayor parte del catolicismo moderno, y solamente algunos grupos cristianos radicales la rechazaron.

Todo ello no impide que, en el marco del cristianismo establecido, aparecieran repetidamente personas y grupos que, en distintos modos, intentaran una vuelta radical hacia sus orígenes no religiosos, más allá del principio retributivo. En ocasiones, fueron rechazados como herejes peligrosos. Pero también pudieron ser cooptados y considerados como "santos", entendiéndose como señales de su santidad algunas características que, en el cristianismo primitivo, y en los grupos radicales, se interpretaron siempre como propias de todo el grupo cristiano: la renuncia a la acumulación de riquezas, el compartir los bienes, la renuncia a la venganza, la relación personal con Dios, etc. En algunos casos, estos "santos" se salieron del rol establecido por sus posiciones sociales y eclesiásticas, y cargaron con las consecuencias. Pensemos, por ejemplo, en el obispo Romero de El Salvador, asesinado por su compromiso con los más pobres y perseguidos, justamente actuando en la dirección contraria a la marcada por su rol eclesiástico. Un famoso poema ha dicho que "nadie hará callar tu última homilía". Sin embargo, de esa homilía (propiamente penúltima) solamente son conocidas sus últimas palabras, en las que hace un llamado a que los cuerpos de seguridad, miembros del mismo pueblo "cristiano" que sus víctimas, cesen de reprimirlas.

Ahora bien, si uno se toma la molestia de indagar en su última predicación, se encuentran cosas interesantes, que van más allá de la imagen corriente de Romero. En primer lugar, encontramos la afirmación radical de la dignidad humana, en consonancia con todo lo que hemos considerado hasta aquí: el ser humano no es cosa, ni puede reducirse a cosas. Y esto significa necesariamente una distancia, tanto con la opresión del ser humano por otros seres humanos en el capitalismo, como con cualquier otro sistema ideológico que convierta al ser humano en un mero ingrediente de otra gran cosa mayor, como la sociedad o la historia. Y esto significa, en segundo lugar, que la última homilía de Romero denuncia la participación de todos en la opresión social. En lugar de pensar que la sociedad y sus estructuras son una cosa real, separada del ser humano, y que influye desde fuera sobre éste, Romero señala, al igual que Marx frente al socialismo de su tiempo, que no existe una sociedad separada de los seres humanos reales, y que por tanto es insuficiente denunciar el "pecado estructural" como algo externo y ajeno. Todos estamos implicados en la misma sociedad en la que tienen lugar los asesinatos y las injusticias. Es, como dice Romero, una gran sociedad anónima, de la que todos somos accionistas.

Finalmente, y en tercer lugar, Romero no sólo ordena a sus feligreses de las fuerzas armadas y de los cuerpos de seguridad que cesen de matar. Más bien hace otra cosa: proclama el carácter absoluto del mandato de no matar. Todas las iglesias establecidas a partir del siglo IV han seguido la senda marcada por Agustín de Hipona cuando tomó del filósofo pagano Cicerón la doctrina de la "guerra justa": hay algunas circunstancias en las que se puede matar. Y, normalmente, todas las iglesias establecidas han considerado que esas circunstancias se daban cuando sus respectivos gobiernos iban a la guerra. Y, por supuesto, también es legítimo matar cuando uno se encuentra con una insurrección interna. En versiones más modernas de la "guerra justa", también se ha dicho que puede ser legítimo matar cuando se trata de realizar una revolución social que obedece a causas legítimas. Frente a todo esto, la última homilía de Romero no dice: "en estas circunstancias concretas no se dan las condiciones necesarias para que sea legítimo matar". Eso sería aplicar en sentido negativo la doctrina de la guerra justa. Romero dice simplemente: "no matar". Con esto, se sitúa en realidad más allá de la guerra justa, de la doctrina social de las iglesias establecidas, más allá del catolicismo. Simplemente no se puede matar.

Este aliento profético nos remite de nuevo a la concepción de Jesús, y del cristianismo primitivo. Y desde esta concepción cabe hacerse algunas preguntas sobre la relación con el socialismo. En primer lugar, todo socialismo parece conllevar necesariamente una dimensión estatal. Ciertamente, la "democracia económica" de David Schweickart no apunta a una planificación centralizada, sino a un proceso democrático de gestión de la actividad económica. Por eso no se trata de ningún absolutismo totalitario. Sin embargo, parece que el cristianismo radical no pone la clave de la transformación social en el estado. Más bien insiste en que las transformaciones radicales tienen lugar desde abajo, es decir, desde las relaciones cotidianas, donde la liberación del principio retributivo posibilita comunidades de iguales. Ahora bien, es interesante que la perspectiva del cristianismo radical no es incompatible con la propuesta de una democracia económica, precisamente porque la democracia económica requiere de la constitución de comunidades laborales democráticas, las cuales pueden incluso existir antes de que el estado pueda jugar su papel en las transformaciones sociales. Esto nos permitiría hablar de una especie de confluencia, con diversidad de acentos: mientras que unos estarán más centrados en la llegada al poder de los grupos políticos indicados para lograr los cambios sociales, otros trabajarán desde la base posibilitando la creación de estructuras económicas populares, en las que ya sean visibles unas nuevas relaciones sociales.

En segundo lugar, y relacionado con lo anterior, la democracia económica de Schweickart, así como otras formas de socialismo propuestas para el siglo XXI, no renuncian a la violencia o, al menos, no renuncian al monopolio de la violencia legítima que caracteriza a los estados. El cristianismo radical sí renuncia a la violencia, también a la violencia del estado. Sin embargo, es interesante observar que en las nuevas propuestas de cambio social desaparece la exaltación sistemática de la violencia revolucionaria que se encontraba en el socialismo del siglo XX, e incluso se hacen consideraciones sobre el cambio social que apuntan explícitamente a una reducción de la violencia. En esto nos encontramos de nuevo con confluencias. Sin embargo, estas confluencias no significan una identidad. El cristianismo radical, precisamente por su pacifismo radical, nunca podrá identificarse con ningún proyecto político ejercido desde el estado, por democrático, participativo, y humanista que sea. Siempre permanecerá una distancia crítica. Y esta distancia crítica es esencial para que el cristianismo siga fiel a la radicalidad del proyecto no estatal de Jesús. De lo contrario, este proyecto se pervierte de maneras esenciales, y el cristianismo acaba convertido en una religión. Siempre que el cristianismo ha permanecido fiel a su no-violencia constitutiva, ha podido sin duda expresar simpatía por gobiernos y regímenes, con más o menos tino, pero no se ha identificado con ellos, y ha mantenido así su aliento profético.

Y esto nos conduce a una cuestión más de fondo. El cristianismo radical rompe con el principio retributivo en la medida que acepta la obra de Dios en Cristo, recibiéndola en fe. De hecho, toda ruptura con el principio retributivo que se quisiera presentar como un logro propio no sería en realidad una ruptura con el principio retributivo, porque nosotros nos seguiríamos salvando a nosotros mismos. Precisamente por eso, todo intento de construir el paraíso con nuestras propias fuerzas termina presentándolo como un logro propio, y manteniendo de este modo el principio retributivo, que está en el fondo de toda cosificación del ser humano y de toda opresión. Y aquí es donde todo socialismo tendría que volver a preguntarse por su actitud ante el mensaje y la persona de Jesús. Y entonces cabe mencionar un cuarto punto esencial de la última homilía de Romero: mientras el ser humano tenga rotas sus relaciones con Dios como principio de la vida no habrá auténtica liberación. Ahora podemos entender mejor por qué: porque el verdadero Dios, situado más allá de todas las cosas, es el acto puro que recuerda insurgentemente que la persona humana, como acontecer carnal de todos nuestros actos, no es cosa, ni puede ser convertida en cosa. Ese Dios, manifestado en el Mesías Jesús, es el que rompe toda vigencia del principio retributivo y hace posible una nueva praxis, una praxis viva, que ya no está condenada a situarse a sí misma, ni a situar a los demás, bajo ninguna forma de objetivación. Esta liberación del principio retributivo es lo que hace posible toda transformación radical.

BIBLIOGRAFÍA BÁSICA

- Aristóteles, *Política* y *Metafísica*.
- *Baghavad-Gita*, Sivakasi, 1986
- *Biblia* Reina-Valera.
- Buzgalin, A. V., *El socialismo del siglo XXI*, La Habana, 2000.
- Castells, M., *La era de la información. Economía, sociedad y cultura*, 3 vols., México, 1999.
- Costas, A., "Más ricos y desiguales", *El País* 30-1-1999, en http://www.elpais.com/todo-sobre/persona/Anton/Costas/1751/
- Dieterich Stefan, H., *El socialismo del siglo XXI*, en http://www.socialismoxxi.org/librosheinz/elsocialismo.pdf
- Dierckxsens, W., *La crisis mundial del siglo XXI. Oportunidad de transición al poscapitalismo*, San Salvador, 2009.
- Ellacuría, I., *Filosofía de la realidad histórica*, Madrid, 1991.
- González, A., *Estructuras de la praxis*, Madrid, 1997.
- González, A., "¿Qué queda del socialismo?", *Realidad* 55 (199) 7-26, en http://www.praxeologia.org/socialismo.html
- Gramsci, A., *Quaderni del carcere*, 4 vols., Torino, 1975.
- Hayek, F. A. (ed.), *Collectivist Economic Planning*, Londres, 1935.
- Hegel, G. W. F., *Werke in zwanzig Bänden*, Frankfurt.
- Heidegger, M., *Identidad y diferencia – Identität und Differenz*, Barcelona, 1988.
- Henri, M., *Marx*, 2 vols., Paris, 1976.
- Henri, M., *Du communisme au capitalisme. Théorie d'une catastrophe*, Paris, 1990.
- Heráclito, *Fragmentos*.
- Katz, C., *El porvenir del socialismo*, Buenos Aires, 2004.
- Lange, O., *Problemas de economía política del socialismo*, México, 1965.
- Mandel, E., *Tratado de economía marxista*, 3 vols., México, 1975.
- Mandel, E., *Late Capitalism*, New York, 1999.
- Mandel, E., *El capital. Cien años de controversias en torno a la obra de Karl Marx*, México, 1998.

- Mandel, E., *Las ondas largas del desarrollo capitalista. La interpretación marxista*, Madrid, 1986.
- Martínez Peinado, J. y J. M. Vidal Villa, *Economía mundial*, Madrid, 1999.
- Marx, K., *Marx – Engels Werke*, Berlin, varios vols.
- Menéndez Ureña, E., *Karl Marx economista*, Madrid, 1977.
- Menéndez Ureña, E., *El mito del cristianismo socialista*, Madrid, 1984.
- Montoya, A., *La nueva economía popular. Una aproximación crítica*, San Salvador, 1993.
- Nietzsche, F., *Kritische Studienausgabe*, Berlin, 1998.
- Niño Becerra, S., *El crash del 2010. Toda la verdad sobre la crisis*, Barcelona, 2009.
- Nove, A., *An Economic History of the U.S.S.R.*, Middlesex, 1972.
- Razeto, L., *Economía popular de la solidaridad. Identidad y proyecto en una visión integradora*, Santiago de Chile, 1991.
- Razeto, L., *Los caminos de la economía de la solidaridad*, Santiago de Chile, 1993.
- Romero, O. A., *Su pensamiento*, VIII, San Salvador, 2000.
- Ruster, Th., *Von Menschen, Mächten und Gewalten*, Mainz, 2005.
- Schweickart, D., *Más allá del capitalismo*, Santander, 1997.
- Schweickart, D., *Democracia económica*, disponible en http://www.fespinal.com/espinal/llib/es53.rtf
- Schweickart, D., *After Capitalism*, Lanham, 2002.
- Stalin, *Sobre el materialismo dialéctico y el materialismo histórico*, en http://www.marx2mao.com/M2M(SP)/Stalin(SP)/DHM38s.html
- Trotsky, L., *La revolución traicionada*, México, 1969, en http://www.marxists.org/espanol/trotsky/1930s/rt/index.htm
- Urrutia, J.,, *El capitalismo que viene*, Barcelona, 2008.
- Wink, W., *Engaging the Powers. Discernment and Resistence in a World of Domination*, Minneapolis, 1992.
- Wittgenstein, L., *Werkausgabe*, Frankfurt.
- Zubiri, X., *Inteligencia sentiente*, 3 vols., Madrid, 1990-1993.